トラブルをドラマに変えてゆく
教師の仕事術

喧嘩・荒れ とっておきの学級トラブル対処法

学芸を未来に伝える
学芸みらい社
GAKUGEI MIRAISHA

まえがき

特別支援教育について大がかりなアンケートを行ったことがある。その時の結果が強く印象に残っている。「教室で困っていることは何ですか?」という問いに、圧倒的に多かった答えは、「子どもの暴言、暴力、トラブル」といった内容だった。

しかも、これは若い教師だけに限らなかった。経験年数の多いベテランでも同じような結果だったことに驚いたのを覚えている。

教室の荒れは、なぜ起きるのか。

その一つに、システムの問題がある。

例えば、朝の会のプログラム。これは、学級独自で決めればよいものである。

しかし、最近はそうではないようだ。学年単位で統一したり、学校単位で統一したりしているところもある。

これが、上手く回っていればいいのだが、子どもの状態によっては、当然上手くいかないことがある。その時に問題なのは、

子どもの状態がよくない時でも、決まったプログラムを変更できない。

ということである。

私は、かつて特別支援を要する子が一〇名近いクラスを担任した。学年で統一していたプログラムではどうしても騒がしくなるため、学年の先生に相談して内容を変えたことがある。

その結果、子どもたちの動きがとてもスムーズになり、驚くほど順調に朝の時間を過ごすことができるよう

になった。

同じ朝の会でも、「どのような方法で」「どのような順番で」「どれだけ行うか」というシステムを変えることで、子どもたちの姿は大きく変化することを実感した。

この出来事から、効果的なシステムを採用することは、荒れの予防につながることがわかり、それは個々への対応よりも大きな効果をあげることを確信した。

それ以来、私はシステムにこだわってきた。それは、特別支援学級でも同じだった。

本書では、どのようなシステムが必要なのかという視点をいくつか紹介している。

また、荒れの原因には、「子どもたちへの対応」が上手くいかないことがあげられる。

子ども同士のトラブルが起こった時、どのように解決するのか。

このような具体的な対応は、大学ではまず教えてくれない。だから、ほとんどの教師は自分の経験でのみ対応している。

教師の対応で、さらにひどくなったというケースが後をたたないのはこのためである。

本書には、特別支援を要する子の特性をふまえたトラブル指導「喧嘩両成敗」が収録されている。講座でのテープ起こしのため、手順だけでなく具体的な指導言も完全に収録されている。ぜひ役立てていただきたい。

このように、本書では、特別支援の観点から、「学級の荒れ」「トラブル」、そして「いじめ」への対応策をできるだけ具体的な形で紹介している。

本書は、二〇一五年に学芸みらい社から刊行したシリーズ「トラブルをドラマに変えてゆく教師の仕事術」の第一巻『発達障がいの子がいるから素晴らしいクラスができる』の続編である。

「より具体的な場面での具体的な方法を知りたい」という声にお応えして、本書の出版となった。

なお、執筆の途中でページ数が予定より大幅に増えたために、続篇は二冊に分けて同時に発刊する運びとなった。

本書では、「荒れ」「トラブル」「いじめ」の指導についてまとめた。そして姉妹編となる『特別支援教育が変わるもう一歩の詰め』では、「指導のポイント」や「その指導のどこが足りないのか」ということに焦点をあてた内容をまとめた。

この二冊を併せて読んでいくと、指導の軸が一本につながっていることが理解できるはずである。ぜひ、両方を手にとっていただけたらと思う。

なお、本書では多くの子どもの名前が登場する。これは、指導の際のイメージを膨らませるために使っているもので、全て仮名であることをお断りしておく。

学校現場に、若い教師がどんどん増えてきた。その傾向はこれからも続く。「荒れ」「トラブル」「いじめ」といった問題は、まずます学校現場でクローズアップされていくだろう。

本書がその解決策の一助となることを願っている。

小野隆行

目次

第2章

荒れた学級を担任した時の方策……37

第3章

よくないことをした時の叱り方・褒め方の新基準……67

第4章

叱られた子どもの自尊心があがる、実録・喧嘩両成敗

第5章

特別支援の子どもをいじめの被害者にも加害者にもしないための方策

第1章

規律ある学級作りの方策

1 規律は授業で作る

一　授業の中で規律を指導する

「学級経営のポイントを一つだけあげるとしたら？」

そう聞かれた時、私は迷いなく「授業」と答える。

授業の中で、学習規律を指導する。

そして、その中で学級の規律もできあがっていく。

例えば、ノートを教師に出す時、子どもたちはどのような出し方をしているだろうか。

放っていると、子どもたちは次のような状態になる。


「はい」と言いながら、片手で自分の方を向けて出す。


指導していないと、多くの子がこのような状態である。

行動は、思考を左右する。

どことなくえらそうなのである。

このようなことは指導しないとできない。私は、四月に毎年必ず指導するようにしている。


ノートを出す時は、両手で出しなさい。先生の見やすいように出すのですよ。

持ってくる児童に対して、このように指摘し、その場で直させる。

そして、それを見て直した子どもをしっかりと褒める。

そのようなことを何度か繰り返すだけで、どの子もすぐにできるようになる。

中には、「出し方なんかどうでもいい」という意見の方もいるかもしれない。

そういう人は、ぜひ自分でもやってみていただきたい。

やってみるとよくわかる。感じ方が全然違うのだ。

片手で渡すと、ついついえらそうな感じになってしまう。ところが、それを両手で渡すとなると、横柄な態度をとろうと思っても難しい。

子どもたちも知らず知らずのうちに、当然それを感じている。子どもたちの丁寧さを奪っているのは、実は、教師なのかもしれない。

二　両手で渡すことで、子どもが変化する

子どもたちが両手で渡すようになると、様子が明らかに変化してくる。

今まで、「はい」と言っていたのが、そういう言葉が出なくなるのだ。

その動作と言葉がそぐわないのだ。

ノートを出す時も給食のおかわりも両手で。子どもたちの言葉遣いも変わってくる。

逆に、次のような言葉が出るようになる。

お願いします。

自然とこういう言葉が出るようになるのだ。これは、片手で出している時には、絶対に出てこない。

これも、動作と言葉がそぐわないからである。

さらに、次のような言葉も出てくる。

ありがとうございました。

こういう言葉が出たら、それを取り上げて、うんと褒めなければいけない。

山田くんは、「お願いします」と言えた。素晴らしい。
お礼が言えるなんて、坂本さんは立派です。

このように褒めることで、全体に波及していく。

そして、クラス全体が、「お願いします」「ありがとうございました」というのが当たり前の状態になってくるのである。

かつて担任した子から、このことでよかったことがあったと、親子共々感謝されたことがある。

その子は、何かを差し出す時、してもらった時、「お願いします。ありがとうございました」というのが癖になっていた。家族で、ある催し物に出かけた時、そのことで係の人に非常に褒められたそうだ。「なんて素晴らしいお子さんなんだ」と言われ、親子共々、感激したという。

三　やりとりが生まれる

ノートを出す時、両手で「お願いします」と子どもたちが言うようになると、教師の対応も自然と変化してくる。それに合わせて、「はい」とか「よし」とか「よくできたね」などという言葉が、自然に出てくるようになるのだ。

もちろん、それ以前からそのような対応を心がけてはいるが、あくまで自然に出てくるようになるのである。

また、「ありがとうございます」と子どもが言った後にも、「はい」と自然に声が出るようになる。

これは、追試したサークル員の誰もが、同じように指摘していた。

自然に、気持ちのよいやりとりになっていくのである。

四　給食のおかわりも両手で

給食のおかわりの時も、「食器を両手で持ちなさい」と指導している。中学年の場合、お汁ものなどはこぼすおそれがある。こういった安全面もその理由の一つであるが、規律を創るという意味もある。

両手でもらうようにすると、やはり「お願いします」という言葉が自然に出てきた。やはり、行為と言葉には大きな関係があるのだろう。

おかわりがそうなると、片づけもだんだんと丁寧になってくるから不思議だ。

このような指導は、授業の中でその都度行っていく。授業で行うのが、一番自然で効果がある。そして、それが全体へ波及していく。

2 プール開きは最初が要

一 プール開きは大騒ぎ？

勤務校では、学年ごとにプール開きを行っている。

大規模校のため、各学年が五クラスある。

よって、約二〇〇人の子が、一斉に水泳をすることになる。だから、プールサイドはぎゅうぎゅう詰めの状態である。

このような中で、規律を保つのは簡単ではない。

たくさんの子どもたちが集まると、どうしても騒がしくなる。

以前に、この騒がしい状態を予想して、拡声器を使って指導をしたことがあった。

子どもの声に負けてはいけないと考えたのである。結果、どうなったか？

なぜか子どもたちのおしゃべりの声は、さらに大きくなったのである。

結局、最後は、大声で怒鳴らなくてはいけなくなった。

しかし、今では、そのようなことはない。

ポイントを押さえて指導すれば、誰でも大声を出すことなしに指導ができる。

二 趣意説明とルールの確認

学年の先生にお願いし、それぞれのクラスの場所に並ばせてもらった。

ここで騒いでいると、後が大変である。
最初に、静かな状態を作っておくことが大切である。
指示が聞こえる状態であると、ここからの指導はきわめて順調に進んでいく。
最初に、次のように言った。

水泳の学習は、とても危険です。
毎年のように、命をなくす子どもがいます。
だから、先生の言うことは、必ず守ってください。

指示を聞かないと危険だということの趣意説明を行う。
子どもたちは、黙って聞いている。頷いている子もいる。
続いて、ルールについて話す。

もし、勝手なおしゃべりをしている人がいたら、先生の話が聞こえなくなります。
そうなると危険なので、プールから出てもらいます。

子どもたちは、シーンとして聞いている。
プールから出ないといけないというのは、子どもたちにとっては大変である。
ここまでが第一段階の指導となる。

三　ルール指導2　笛の合図を確認

ルールは、簡単な方がよい。複雑になればなるほど、徹底ができなくなる。

笛の合図のルールは、次の三つ。

①「ピッピッピー」
この合図があれば、プールから上がり、元の場所に座って待つ。
②「ピッピッピ」
何をしていても、この合図があれば、その場で止まって教師の方に注目する。
③「ピーッピ」
スタートの合図。

後は、ジェスチャーを交えて笛をふけば、困ることはない。例えば、立つ時には、両手を上にあげながら、「ピッ」と合図すればよい。大事なのは、①と②である。これを理解させておけば、後の指導はできる。

四　静寂の中の入水指導

さて、いよいよ入水である。最初に三クラスが行い、二クラスが待機している。

入水の前に、次のように指示しておく。

「声を出さないで入ることができるか練習します。ちょっとでも声が出たら、プールから出てもらいます。待っている二クラスも、後で同じようにします。もう説明はしませんから、よく見て覚えなさい」

最初の三クラスは、四列に分かれているので、一番前にいる一列だけを立たせる。

「一列起立、ピッ」と笛を吹くと、緊張感が走った。

次の笛で、プールサイドに立たせる。さらに次の笛でプールに背を向けさせる。

そして、次の笛で入水である。子どもたちの足が水面につかる。どの子も顔を見合わせて、ニコニコしている。そうした中でも、声を出すまいとしているのがわかる。かわいい光景である。

しかし、ジャボンと中に入ってしまうと、その意識はふっとんでしまう。

予想通り、「ヒャー、つめたい！」と男の子から声が聞こえた。

ここを見逃してはいけない。すかさず、「ピッピッピー」と笛をならす。

残念でした。声を出してしまった人がいます。一番、後ろに並びなさい。

決して、叱る必要はない。ニコニコとしながら言えばよい。これで俄然、子どもたちの雰囲気が変わってくる。続く二列目は、見事に黙って入水できた。すかさず、「二列目、合格。さすがです」と力強く褒める。

これで、残りの列も負けてはいられないという気になる。三列、四列とも、黙って入水することができた。

そして、最初にやり直しになった一列を最後にもう一度、入水させる。

今度は、見事合格できた。残りの二クラスも、もちろん一発合格である。

ポイントを押さえて指導すれば、大声を出さなくても、叱らなくても、二〇〇名を静かに入水させることができるのである。

中学年ぐらいからは、悪いとわかっていてずるをしたり、ごまかしたりする姿が見られるようになる。

そういう時は、叱るだけでなく、きちんとやり直しをさせてプラスの状態で終わることが大切である。

❸ 討論のできるクラスを作る

一　学級作りに効果のある「指名なし討論」

教師の指名なしで、子どもたちだけで討論を行う「指名なし討論」に毎年取り組んでいる。

この学習は、学級作り、規律作りにも非常に効果がある。

指名なし討論ができれば、学級経営は成功したと言っても過言ではない。

それは、指名なし討論を成立させるためには、次の要素が必要不可欠だからである。

①自分の意見をみんなの前で言えること。
②友達の意見に、反対意見を言えること。
③それらを自分から立って行えること。
④一度にたくさん立った時には、友達に譲ることができること。

これらのうち、どれか一つ欠けていても学習が成り立たない。
①自分の意見をみんなの前で言えること。これは、自分の意見が友達に受け入れられるという安心感の中でしか行えない。
しかも、討論であるから、自分の意見に対して当然、反対意見が出る。

そういった中でも発表できるのは、反対意見が出ても大丈夫という安心感があるためである。

それは、次の②とも大きく関わっている。
②友達の意見に、反対意見を言えること。指名なし討論で反対意見を言う時、次のような言い方は次第になくなっていく。

× 小野君に反対です。

これが、次のように変化する。

○ 小野君の意見に反対です。

この違いがわかるだろうか。人格と意見とを分けてとらえているのである。

そのことがわかっているから、反対意見を言われても大丈夫なのである。

また、反対意見を言う方も、「もし言ったら嫌われるかもしれない」という不安がないから、意見を言えるのである。

つい先ほどまで討論で激しい意見を言い合った友達と、休み時間にニコニコしながら話している姿が日常的である。

そして、さらに、①と②を「③自分から立って行える」というのは、なかなかできることではない。

また、④と大きく関係するが、クラス全体が協力しなければ、この学習は成立しない。つまり、この学習を進めていくうちに、自然にクラスで協力し合う状態が生まれていくことになるのである。

二　四月から行う「指名なし発表」

指名なし討論は、すぐにはできるようにならない。

その前に、段階をおった学習が必要である。

指名なし討論ができるようになるには、「指名なし発表」ができなければいけない。

指名なし発表とは、教師の指名なしに次々と子どもたちが、自分の意見を発表していくことである。私はこれを四月の最初から取り入れている。

自分の意見がなければ発表できないので、最初は意見をノートに書かせて、それを読ませる状態からスタートする。

私は、四月に最初の目標を言わせる時、この指名なし発表を使うことが多い。

「自分の名前」「三年生になってがんばること」などを、言いたい子から発表させていく。その際、「同時に立っている人がいたら、譲ること」を指導する。

ここでは、褒めながら指導することが大切である。望ましい行動を取り上げて、褒めることで強化していくのである。

「自分から立って発表したこと」「友達に譲ったこと」を取り上げて褒める。

また、発言がとぎれずに、続いて発表できたところを取り上げる。

A君、B君、C君の発表のところは、間があかずに、続けて発表できていましたね。すごいです。

どこがよいのかを取り上げて、子どもたちにイメージさせることが大切である。これで、努力の方向性を示したことになる。イメージできないことは、子どもはできないのだ。

さらにこの時、子どもたちに次のように考えさせる。

「このように、間があかないで発表できるのは、よいクラスしかできません。なぜだかわかりますか？」

子どもたちは、「譲ること」を指摘する。

これで、「間をあけないように上手に譲るにはどうすればいいのか」という視点が、子どもたちの中にできたことになる。

四月から行うことで、これが学級経営のベースにもなっていく。

三　討論は高段の芸

今まで述べてきたことは、学級経営という視点から見た内容である。

当然、「ノートに自分の意見を二ページも三ページもびっしり書くことができる」「辞書を使いこなす」「事実と意見とを区別して発表する」などの、国語の学習の力が必要なのは言うまでもない。

向山洋一氏は、「指名なし討論は高段の芸」と言っている。そういった総合力がなければ、指名なし討論は成立しない。

学級作りと学習面での高まりは、車の両輪のような関係でもある。

指名なし討論ができるクラスを創っていきたいものである。

4 教室をきれいにする

一　子どもたちが帰った後の教室が汚い？

子どもたちが帰った後の教室は、どのようになっているだろうか。

次のような教室はないだろうか。

- ・ゴミがあちこちに落ちている。
- ・鉛筆や消しゴムなどの落とし物が一〇個以上ある。
- ・今日配ったはずのプリントが、二、三枚落ちている。

これは、私の新卒時代の様子である。

初任者研修で私が不在の時には、指導教官が私の教室をわざわざ掃除していたほどだった。子どもが帰った後、いつも私がすることは、教室の掃除だった。

そのくらい、教室が散らかっていた。

このような話をすると、多くの若い教師が、自分の教室もそうだと言う。

一方、今の私の教室は、子どもたちが帰った後は、いつもきれいな状態である。

私が放課後に教室の掃除をすることは、全くない。それでもきれいである。

二　教室が散らかっている影響

若い先生方に、「教室が散らかっていると、子どもたちの行動も雑になりませんか？」と聞くと、みなそうだと言う。

本を投げるように返したり、ぞうきんがぐちゃぐちゃにかけられていたりする。

きれいな道と、ゴミが散乱している道とでは、どちらがゴミを捨てやすいか？　このように考えてみるとわかりやすい。

もちろんゴミを捨てるのはよくないことだが、これは人間の心理なのである。

だから、散らかっている教室では、なかなか丁寧さが育ちにくい。

もちろん、「いつもびしっと完璧にしなければいけない」と言っているのではない。

多少の散らかりは、子どもらしいと思うし、私の教室も「きれい」と言うより、「何となく片づいている」という方が近い。

しかし、教室はパブリックスペースである、やはり、散らかりすぎは問題だと思う。

三　教室をきれいにするのは簡単

教室をきれいにするのは簡単である。

私は、何もしない。

きれいにするのは、子どもたちである。

私のクラスでは、帰る時、次のようなシステムになっている。

整頓ができた列から、さようなら。

私の教室では、一号車、二号車というように、二人ずつの列が三つある。その号車ごとに、整頓ができたら、私に「できました」と報告をするのである。

そして、できた列から「さようなら」の挨拶をする。この時、大事なことは、合格の基準をゆるめないことである。特に、最初が大切である。最初の指導で、次のように基準を示す。

「自分の周りだけできていても合格しません。列の前や後、横のかべなどにゴミが一つでも落ちていれば不合格です」

当然、最初は何度もやり直しになる。

やり直しをすることで、子どもたちの中に、「整頓する基準」ができてくる。

そして、何度もやり直しをしているうちに、子どもたちの中で動きが変化してくる子が必ず出てくる。

それを取り上げて褒める。

教室をきれいにするのは子どもたち。整頓ができた列から「さようなら」をする。

山田君は、後のロッカーの前まで気をつけてゴミを拾っています。こういうところに気づくのはさすがです。

このように言うと、全体の動きも変わってくる。子どもたちは、早く帰りたいものだから、動きもどんどんスピーディになっていく。後は、早いところを褒めていくだけでよい。

最初は二〇分近くかかっていた帰りの用意が、五分以内でできるようになってくる。

しかも、机はきちんと整頓され、ゴミもゼロの状態でさようならとなる。

さらに、先を見通して、言われる前から自分たちで机を整頓したり、ゴミを拾ったりする姿も見られるようになる。

そのことも、取り上げてうんと褒める。

四　自分のこと＋αの大切さを伝える

帰りに自分の号車を整頓することは、「自分のこと」だけではなく、＋αの大切さを教えるという意味もある。

例えば、教室の辞書がぐちゃぐちゃに置かれていることがある。こういう時は、指導のチャンスである。

しかし、全体に注意してもあまり効果はない。子どもたちの中には、「自分はちゃんとやった」と思っている子もいる。

「『自分はちゃんと片づけたよ』と言う人もいるでしょう。

じゃあ自分のを片づけたら、他の辞書はぐちゃぐちゃでもよいと思いますか？

よいクラスでは、そういうふうに考える人はいません。

どんなふうに考えると思いますか？」

自分が使ってないものも片づけよう。

「そうなんです。みんなが、自分が使ったのと、あともう一つか二つ片づけようと思ったら、すぐにきれいになりますね。これは難しいことですか？」

そう聞くと、子どもたちは「簡単だ」と答えた。

「そんなふうに思えるクラスは、立派です」

そうやって褒めて、「自分のこと＋α」の大切さを伝えた。

指導は、全てつながっているのである。

5 遠足のゴミ拾いで二〇〇名が熱中する

一 遠足でゴミ拾いをさせる

遠足に行くと、必ずゴミが出る。これを掃除させるのだが、これが結構大変だ。

ただ「拾いなさい」と言っただけでは、きれいにはならない。

もうちょっと気を利かせて、ゴミを拾う大切さを趣意説明したとする。

一生懸命拾う子も出てくるが、やんちゃ坊主はこれでもなかなか拾わない。

こういう時にどうしたらいいのか？

原則は、こうである。


がんばって拾っている子を褒める。


褒めることで、周りの子にそのがんばりが広がっていく。

これで、拾わせることができる教師は、相当力量が高い。しかし、普通の教師は、なかなかこれだけでは難しいだろう。

たくさんの人数がいれば、やっているふりをしている子、ふざけている子がいるものである。

褒めても動かなければ、最後は、「ちゃんとしなさい」と注意するしかなくなる。

最後にお説教で終わるのでは、プロとは言えない。

私は、一度も大声を出さずに、そしてやんちゃ坊主がゴミ拾いを熱中して行わせることができる。

決して、難しい方法ではない。誰でもできる方法である。

二　指示の出し方で動きが変わる

私は、スーパーのゴミ袋を五クラス分用意した。そして、それを担任の先生に持ってもらう。

全員を集めて、次のように言う。


みんなが出したゴミ以外にも、たくさんのゴミがあります。

ゴミをゼロにして、きれいにして帰りましょう。


自分たちが出したゴミ以外も拾わせる。これで、動きが変わってくる。

「みんなが出したゴミ」と言うと、そのゴミを探そうとするが、このように言うと、子どもたちは自分の足下のものから拾おうとする。

ちょっとした違いのようだが、動きが変わってくるのだ。

次に、時間を示す。


時間は三分間です。

三分間というのは、子どもにとっては短い時間に感じる。だから、「早く拾わなくては」と思う。

また、三分間ぐらいなら、がんばってみようかなと思う。これが一〇分だと、やる気は一気に失せてしまうだろう。

「①やること・方向性」を示し、「②時間」を示した。

そして、三つ目である。

「拾ったゴミは、自分のクラスの袋に入れます。どのクラスがたくさん拾うでしょうか」

クラスごとに競うわけである。子どもたちは、俄然やる気を出す。

想像してもらいたい。もうこの時点で、やんちゃ坊主のお尻は浮いている。

早く拾いに行きたくて、うずうずしているのである。

「よーい、はじめ」

この合図で、どの子の動きも加速する。まさに、二〇〇名が熱中している状態になる。

自分たちが出したゴミなどは、あっという間になくなる。

なかには、落ち葉や木ぎれまで拾ってくる子がいる。それだけ、熱中しているということだ。

私は、途中経過を入れていく。


一分たちました。あと二分間です。

二分たちました。あと一分間です。


この途中経過ごとに、子どもたちの動きはさらに加速していく。

「先生、もうちょっと時間をください」なんて言っている子もいる。

三　褒めることが増えていく

変化するのは子どもたちだけではない。担任の先生の様子も変化する。

ゴミを拾ってきた子どもたちに、先生方なら、どんな声をかけるだろうか？

「たくさん拾ってくれてありがとう」

「また、拾ってくれたの？　すごいね！」

こんなふうに、褒め言葉のオンパレードになるのだ。

褒められた子どもはうれしくてしょうがない。さらに、一生懸命拾うようになる。

子どもたちは、どの子も一生懸命ゴミを拾っている。そして、先生はニコニコしながら褒め言葉を繰り返している。これが、遠足のゴミ拾いの風景である。

お説教ではこうはならない。

最後に、全員を集めてこのように言う。

> **みなさん、周りを見てご覧なさい。**
> **みんなのおかげで、こんなにきれいになりました。**
> **とっても気持ちがいいですね。**
> **さすが、○○小の三年生です。**

どの子も顔も満足そうで、ニコニコしている。

やり方次第で、楽しく規律のある集団を創っていくことができる。

6 必ず約束を守る

一　教師は必ず約束を守る

教師は、絶対に約束を守らなくてはいけない。

そのことなしに、子どもにルールを守るという意識は育たない。

しかし、ほとんどの教師が約束を平気で破っている。自分はそうじゃないという人は、次の項目が大丈夫かどうかを考えてみてもらいたい。

①時間割を変更する。
②授業時間が延びる。

時間割を変えることは、発達障害の児童にとっては絶対やってはいけないことである。いったん考えた予定を覆されると、それだけで調子が悪くなることがある。

だから、どうしても変更しなければならない時には、子どもが納得するような趣意説明が必要である。「自分が説明した」＝「子どもが納得した」というのは違う。

この時間割の変更で、次のようなことはないだろうか。

体育が事情でできなくなった。

次の日の四時間目に、運動場があいていたので、「明日の四時間目に今日の代わりの体育ができます」と説明した。


これは、非常に危険である。

なぜなら、もし次の日に、何かの事情で運動場が使えなくなったとしたら、これは子どもたちにとっては「嘘をつかれた」ということになってしまうからである。

例えば、ＰＴＡの行事関係で運動場が使えなくなったとか、工事が急に入ってダメになったとか、大人なら仕方がないと思うことでも、子どもはそうは思わない。

子どもにとっては、「教師は嘘をついた」となるのである。

こういう時には、次のようなことを前もって話しておかなければならない。


別の日で使える時間を探します。

約束を守るとは、ここまで徹底して行うことである。

二　子どもが授業時間を守らないのは、教師にも原因がある

授業に遅れてくる子がいる。

そういう時は、待たない。授業を始めてしまう。

みんなが揃うまで待っているのは、ちゃんと時間を守って待っている子に失礼である。

例えば、算数であれば九九を言わせたり、百玉そろばんをしたりする。

遅れて入ってきた子は、やばいという感じで慌てて授業に参加する。

このようにしていると、遅れる子がだんだんと減ってくる。

ただ、中には、何人かのグループでわざと遅れて入ってくる子たちがいる。それが続いた時、私は全員の前で次のように話した。


あなたたちは、授業時間に四分遅れて入ってきました。それは例えば、みなさんの昼休みを四分なくされたというのと同じことです。それが我慢できますか。


そう言うと、はっとした顔になった。

そこで、ごめんなさいと謝らせて席につかせた。

このように、全体の前で短く指導する。

全体の前で言うことで改めてルールが浸透し、短く指導することでどの子もすぐに反省できる。

ここで考えてもらいたい。

実は、この指導が効果を発揮するためには、ある条件が必要なのであるが、お気づきだろうか。

それは、次のことである。


教師の授業が延びない。

チャイムと同時に、いつも授業が終わっているだろうか？

子どもたちにチャイムを守れと言っているのに、教師がチャイムを過ぎても延々と授業をしているのでは、指導は入っていかない。

指導された子どもたちは、きっと、

先生だって、休み時間にするのを遅らせるじゃないか。


と思っているはずである。

チャイムの合図は、活動の区切りを知らせるものである。言ってみれば、学校全体の約束のようなものである。しかも、子どもたちは、一年生の入学時から、チャイムの合図を守りましょうと繰り返し教わっている。

教師こそ、時間を守らなければならないのである。

三　ルールを基準に考えさせる

何かよくないことをした時には、一方的に叱るだけでなく、「何が問題だったのか」を考えさせるようにしている。その時、基準にするのはルールである。

ルールを基準にして、よくなかったこと、どうすればよかったのかということを考えさせる。

その前提として、次のような話を何度も四月から繰り返して話している。


学校は、ルールを学ぶところです。

学級納めのこの時期に、もう一度子どもたちとルールについて、話し合ってみてはいかがだろうか。

第2章

荒れた学級を担任した時の方策

1 学級開きで統率する

一　最初の始業式でも喧嘩が始まる

ある年に担任した三年生は、規律が全くない状態だった。

家庭訪問では、どこの家庭でも同じことを聞かされた。

「去年は参観日でさえ、授業が成り立たなかった。今年は何とかしてほしい」

いつも誰かがしゃべっている。喧嘩が同時にあちこちで始まる。

とにかく話を聞かないと有名な学年だった。

そして、その学年を、私が担任することになった。

三年生になり、迎えた始業式。校長先生の話の最中、何人もが後ろを向いて、じゃんけんやつっつきあいをしていた。そのうち、喧嘩も始まった。

「大変だなあ」。その様子を見て、同僚が私に声をかける。

全校が集まった最初の式で、新三年生だけが目立っていた。

二　騒乱状態のクラス分け

学年二クラスの学校。始業式の後、教室の前の廊下に移動してクラス分けを行うことになっていた。始業式までは、前の学年のクラスで並ぶ。

同学年の先生に、教室の前まで子どもたちを連れていってもらった。

そしてその間に、私は転入生を連れていくことにした。

教室の前について驚いた。おしゃべりどころではない。

鬼ごっこ、プロレス、すでに喧嘩も始まっていた。そして何より、その子たちが全体の中で全く目立たないことに驚いた。

これは、一筋縄ではいかない。まさに騒乱状態だった。

「座りなさい」

久しぶりに、大きな声を出した。何人かがポロポロと座った。

まだ、騒乱状態は続いている。

「座りなさい」

もう一度、大きな声を出した。

やっとのことで、ぞろぞろと座り始めた。

「先生の方へおへそを向けなさい」と言うと、「うるせえなあ」と女の子がつぶやく。座ってからも、おしゃべりの止まる気配はない。

私が体験してきた黄金の三日間は、こうではなかった。

学年全体が壊れていると、このような状態になるのかと思った。

さて、このような中、みなさんならどうされるだろうか。

三　集団の動かし方

このまま話が進められる状態ではなかった。

そこで、全体を半分に分けてからクラス分けを行うことにした。

やんちゃぞろいの男子は私、女子は同学年の先生が担当。

騒乱状態の中、男子にだけ次の指示を出した。

「男子だけ起立。先生についてきなさい」

そう言って、少し離れたところに移動した。最初は、目の前の五、六人ほどが私の指示に反応した。

移動を始めると、さらに五、六人が動き出す。

そして、一〇人ほどを目の前に座らせて、10から1まで数えさせた。

「10、9、8、7……」

これで、まだの子が慌てて動き出した。最後の方は、走ってやってくる。これで、何とか全員が揃った。

数名の遅れた子に、「ごめんさい」と謝らせてから座らせた。

「みんなで過ごす時は、人に迷惑をかけるようなことはしない」ことを告げ、クラス替えを始めた。これで、何とか話ができる状態になった。

これは、遠足などの校外学習でも使える。周りの子の様子を見て、自分が何をしたらいいのかがわかる。集団を動かす時の一つの方法である。

四　誰がよくて誰がよくないのかを明確にする

やっと、クラスに分かれることができた。ここから本格的な始動が始まる。

机・いすの高さを決めるために、最初に背の順に並べさせた。

だいたいの場所に移動して、教師がぱっぱっぱっぱと決めていく。

次に、前へならえをさせた。しかし、これができない。驚くほどできない。

こういう時は、個別評定を行う。誰がよくて誰がよくないのかを知らせるのだ。

「先生に、よしと言われたら座ります」

ちゃんとできている子から座らせていった。最初の子が合格すると、どんどんできる子が増えてきた。

「よし！　合格」と言うと、「やったあ」とガッツポーズをする子も出た。

全体にいくら注意しても効果はない。一人ひとりを評定するから効果がある。

全員が座ったところで、もう一度全体を立たせた。

「もう一度やります。誰がきれいか見ます。前、ならえ！」

今度は、びしっと全員が揃った。先ほどまでとは別人のような姿だった。

「すごい、さすが三年生だ。立派です」

力強く褒めると、みんな満足そうな表情を浮かべていた。

荒れたクラスでは、全体の中で誰がよくて誰がよくないのかが曖昧になる。

これでは、集団は動かない。誰がよくて誰が悪いかを明確にするから、集団は正しい方向に動き出す。個別評定は、荒れたクラスにも効果がある。

2 話が聞けないのは誰の責任か

一 話が聞けないのは、教師の責任

前の年、この学年（三年生）は、一つのクラスではなく学年全体が荒れていた。

荒れたクラスの子どもたちは、話が聞けない。

参観日で保護者が見ている中でも、おしゃべりが止まらないような状態だった。

引き継ぎの時、前の担任は私にこう話した。

「やり方がいいとか悪いとか、そういう問題じゃない。とにかく、話が聞けない。そういう子たちなんだ」

では、三年生になった今の子どもたちの様子はどうか。

学年合同のプールの時間、私の周りに六五人が集まってくる。

「足をつかずに泳げたら、次のコースに挑戦しなさい」

ささやくように小さな声で指示をする。

話が聞けないという子どもたち相手に、大きな声を出す必要は全くない。

それでも、子どもたちはちゃんと話が聞けている。

これでも、前の担任が言うように、「やり方とか、そういう問題じゃない」のだろうか。これは、はっきりしている。

当然、やり方の問題であり、話が聞けないのは、教師の責任である。

二　話が聞けないクラスの教師には、特徴がある

五年生の崩壊したクラスの朝の会の様子である。

教師の指示が一切通らない。

そのクラスの朝の会の様子である（『　』が教師。「　」が子どもの発言）。

教師の話を、ほとんどの子が聞いていない。

おしゃべり、何かをいじって遊ぶ、ちょっかいを出し合う、かばんをしまうなど、みんな好き勝手なことをしている。

『今日の予定を話しますから、ちゃんと聞いてください。まず、一時間目の研究授業のことについてですが、四年生のクラスで授業をしますから、邪魔にならないように気をつけて……』

ここで、さえぎるように子どもが口を挟む。

「宿題は、いつ出すん？」

『え～っとね、じゃあ、今出して』

「集金はどうするん？」

『え～っとね、ちょっとまって』

「何で～？」

『話の続きです。いいですか。聞いていますか』

教室は、騒乱状態。もう収拾がつかない。

これでは、子どもたちが話を聞かないのは当たり前である。

聞けない理由をあげてみよう。

①話を聞ける状態を作っていない。
②話の一文が長い。
③何が言いたいのか、わからない。
④子どもの意見をいちいち取り上げている。

これらは、話が聞けないクラスの教師に共通していることである。

三　話が聞けない状態をどう修正していくか

騒乱状態の中で一年を過ごした子どもたちはみな、話を聞ける状態にない。

だから、ここから修正していく。

まず、初めにすることは、手に持っている物を置かせることである。手に何か持っている状態では、手悪さをして、話を聞かなくなる。余計なことを言わず、「持っている物を置きなさい」とできるまで言えばいい。そして、早く置いた子を褒めればいい。

次に、教師の方を向かせる。「おへそをこちらに向けなさい」と言えば、体が正対する。ここで、次のように話す。

手に持っている物を置かせて、おへそを教師の方に向けさせよう。
騒乱が収まる。

「このように、人の話を聞く時は、持っている物を置いて、話す人の方を向くようにするのです」

そして、「○○くんの姿勢がとってもいい」というように、褒めることで正しい行動を強化していく。

ここまでできて、初めて話に入る。

これを徹底するだけで、ずいぶんと違ってくる。毎回毎回、言い続けることで、だんだんとできるようになってくる。

四　子どもの言うことにいちいち反応しない

向山洋一著『子どもを動かす法則』（学芸みらい社）は、荒れたクラスをもつ上で、必須の本である。

この中で、〝質問は一通り説明してから受けよ〟という項目がある。

崩壊しているクラスの教師は、このことが、全員できていない。

先ほどの朝の会の様子が、まさにそうである。

教師が話している最中に、「宿題はいつ出すのですか」等々、子どもが質問をしてくる。ここで、いちいち取り合うから、全体がぐちゃぐちゃになっていく。

ここでは、このように言えばいい。

質問は、後で聞きます。

全体の説明が終わってから、聞けばいいのである。

①子どもたちが話を聞ける状態を作る。

②話を短く具体的にする。

③質問は最後に受ける。

この三つを徹底すれば、子どもたちは変わってくる。話が聞けるようになる。

実際に、「どんなやり方でも話が聞けない」と言われた子どもたちが、今ではちゃんと話が聞けるようになった。

子どもたちが話を聞けないのは、やり方の問題であり、教師の責任である。

3 シーンとした状態を作る

一 雑然としていたクラスが漢字スキルを始めたとたんにシーンとなった

担任している三年生は、二つのクラスがある。昨年、学年崩壊していただけあって、どちらのクラスもなかなか手強い子どもたちである。

特に隣のクラスは、崩壊寸前のところで何とか踏みとどまっているという状態だ。生徒指導部会全体会でも、全校の応援態勢が約束されている。そんな状況なので、空き時間にはできるだけ、私も隣のクラスの授業を参観している。

そんな中、国語の授業を参観していて、あることに驚いた。

今まで雑然としていたクラスが、ある作業を始めると、シーンとなったのだ。

それは、漢字スキルの左ページを始めた時だった。

それまでは、クラスは雑然としていた。

先生の指示に次々と質問がとぶ。教師がいちいちそれを取り上げるので、さらにあちこちで子どもたちが反応するようになる。そうやって、口を開く子の数が増えていき、誰も先生の話を聞いていない状態になっていた。

それが、黙々とスキルに取り組んでいる。質問も全く出ない。

何をどこまで、どのようにやるのかがはっきりしていれば、子どもたちは集中して取り組めるのだ。教材の力の大きさに、改めて驚かされた。

二　シーンとした状態があれば、クラスは踏みとどまれる

このように、一時間のうちにシーンとした状態を一度は作りたい。

シーンとした状態は、子どもたちがどの子も集中していることを表している。

だから、このような状態を一度でも多くすることが、クラスの荒れを防ぐことにつながっていく。

シーンとした状態が一日に一度でもあれば、何とか瀬戸際で踏みとどまれる。

何でもいい。何かに全員が集中できる状態を生み出せるクラスは、持ち直す可能性がある。子どもたちが、「集中した状態＝心地いい」ということを体感しているのであるから、その状態を一つずつ増やしていけばいいのだ。

三　シーンとした状態は、教材で作る

では、シーンとした状態は、どのようにすれば生み出せるのだろうか。

私は、次の三つだと考えている。

①授業の腕　②システム　③教材の力

授業の腕は、言うまでもないだろう。

システムというのは、例えば次のようなことである。

私のクラスでは、国語の時間の最初に「漢字スキルの練習」をすることになっている。そして、時間がくれば途中でも切り上げる。全員終わるまで待たない。

だから、授業に遅れてくる子がだんだんいなくなる。そして、次第に、教師がいなくてもどの子もシーンとして練習を始めている状態になっていく。

このように、システムによってシーンとした状態を作ることができるのである。

しかし、①②はすぐにはなかなかできないだろう。それなりの勉強が必要だ。

だから、③の教材の力を使うのである。

例えば、有名な向山実践「口に二画足して漢字を作る」や、「ある日の昼と夜の時間の長さ」などは、誰がやっても子どもたちはシーンとして取り組む。

このような教材のもつ魅力、教材のもつ力を利用しない手はない。

私の学年では、次の教材を採用している。

①漢字スキル　②計算スキル　③暗唱直写スキル　④話す・聞くスキル
⑤正進社テスト　⑥五色百人一首

さらに、暗唱や音読指導・酒井式などの指導システムも取り入れている。

これらを一日に必ず何度かは行うことになる。そして、その時だけは、少なくともシーンとした集中した状態を作れることになる。

だから、クラスの荒れが、何とか広がらずにストップできているのである。

四　学年会は、模擬授業でユースウエアのチェック

教材は、「何を使うか」だけでなく、「どう使うか」というユースウエアが大切である。使い方次第で、効果

が大きく変わってくる。

ＴＯＳＳの先生方には当たり前のことでも、一般の先生方に聞くと無茶苦茶な使い方をしている人が多い。これでは、せっかくの教材も宝の持ち腐れである。

そのことを四月に話し、三年生の学年会は、継続的に「ユースウエア」のチェックを行っている。やり方は、模擬授業形式。これが、結構好評である。

同じことでも、やるたびに我流がわかると言われる。理解しているレベルに応じて、新たな発見があるのだ。そして、学んだことは次の日にすぐに生かせる。実際にやってみると、子どもの動きが変わってくる。こんなに楽しいことはない。

今では、学年会に他の先生が入ってくることも多い。

同学年の先生は、こう言っていた。

「本当に教材の力で何とかクラスがもっていると思う。これがなかったらと思うと、ぞっとする」

すぐれた教材を使うことで、シーンとした状態を創り出す。そのことが、荒れたクラスを立て直すことにつながっていくのである。

4 待たないから集中する

一　荒れたクラスの特徴「全員が揃うまで待つ」

荒れたクラスでは、授業の最初が全てを決める。

「気をつけ礼、これから三時間目の授業を～」などは、全く話にならない。

いきなり授業に入るから、子どもたちは集中していく。

荒れたクラスには、必ず共通していることがある。それは、次のことである。


全員が揃うまで待つ。


全員が揃うまで待つことがやさしさだ、いいことだと思っている教師がいる。

しかし、よく考えると、これがどれだけひどいことなのかがわかるだろう。

真面目な子は、教科書・ノートを用意し、ちゃんと席について待っている。しかし、教師はその子のがんばりを無視し、遅れた子を待つのだ。

これで、教室に意欲が生まれるであろうか。子どもたちががんばろうと思うだろうか。意欲を奪っているのは、教師自身である。

全員が揃うまで待つ教師は、自分でクラスを壊しているのと同じなのである。

二　担任不在でテストができない

空き時間に仕事をしていると、隣の三年生のクラスがあまりにも騒がしい。

行ってみると、担任が出張で補強の先生がテストをさせようとしていた。

授業が始まって五分以上たっているにもかかわらず、教室は騒乱状態。

「席に着きなさい」とその先生が叫んでいるが、おかまいなし。

後ろでプロレスごっこをしている者、床に寝そべっている者、わかっているのにやろうとしていない。席についているのは、真面目な女の子が数人だった。

さらに補強の先生が叫ぶ。

「早くしないと、テストができませんよ」

それでも、全く効果はなし。

困り果てているその先生に代わって、私が指導することにした。

さて、みなさんなら、どのように指導されるであろうか。

三　いきなり始める

私は黙って教卓のところに行き、次のように指示した。

机の上が筆箱だけになったら、テストを取りにきなさい。

これで、座っている真面目な女の子が、三、四名程すぐにテストを取りにくる。

「先生、もう始めていいんですか」と聞くので、わざと聞こえるように、「もちろんです。もらった人から始めていい」と話した。さっきまで、むすっとしていた女の子が、「やった！」と喜んで机に帰っていった。

ここで、もう一度念を押した。

「先生は、『机の上がきれいになったら』と言いました」

こう言って、机を片づけた振りをして走ってきたやんちゃ坊主二人を、やり直しさせた。これで、ずるをする子がいなくなった。

こうしてあっという間に、ほとんどの子がテストを始め、教室はシーンとした状態になった。

先ほど、やり直しをさせたやんちゃ君には、「よく直してきたな。がんばれよ」と言ってテストを渡した。

やんちゃ君は、ニコッとして机に走って戻っていった。

そして、全員がテストを始めた状態で、次のように話した。

みんな集中しているから、教室がシーンとしていますね。とっても立派です。○○先生（担任の先生）が帰ったら、伝えておきますね。

こう言って、教室を後にした。

四　テスト指導のポイント

この指導には、いくつかのポイントがある。

まず、「いきなり授業に入る」こと。ここでは、いきなりテストを始めさせた。余計なことは言わないから、やるべきことがはっきりとわかる。

次に、「がんばっている子が得をする」状態を作ること。座っていた女の子から、テストを始めさせた。女の子は、とても喜んでいた。

そして、「全体の動きを作る」こと。最初の子がテストを取りにくる。やっていいよと大きな声で言う。その様子を見て、他の子が動き始めるのである。集団は、いったん動き出すと後は、どんどん加速していく。

また、「ずるを見逃さない」ことも大事である。男の子にやり直しをさせた。

そして、最後は、正しい行動を褒めて強化すること。まず、やり直しをしてきた男の子を褒めている。そして、シーンとなった状態を強化するために、クラス全体を褒めている。

このように、教師の指導次第で、荒れたクラスも学習に集中していく。

授業は、「待たない」「いきなり始める」ことが大切なのである。

荒れたクラスでは、特に、これを徹底しなければならない。

5 教師の言葉に責任をもつ

教師の言葉は、明確な上にも明確でなければいけない。
何度言っても、同じでなければいけない。
発問・指示がぶれると、子どもはどうしていいのかわからなくなる。
荒れているクラスの教師は、必ず言葉がぶれている。
教師は、もっと、自分の言葉に責任をもたなければならない。

一　荒れているクラスの原因は山本君？

校内の先生方と、自主研修をしている。
そこには、クラスが大変な状態の先生も参加している。
その先生は、うまくいかない原因を次のように話された。

山本君という男の子がいて、いつも奇声を発したり、暴れたりする。
その子がそのような状態になると、他の子もだんだん崩れていく。
そして、騒乱状態となる。いつも急にそうなるので、どうしようもない。

その子は、発達障害の可能性があり、落ち着きがない。
現在、保護者に診断をすすめている途中である。

担任は、山本君が落ち着かないことを、クラスが荒れる一番の原因にあげていた。

二　ビデオに映った山本君のやらなくなった瞬間

なかなか授業を見にいく機会がないので、山本君がどんな様子なのか、授業をビデオに撮ってもらうことにした。

そして、研修の時、参加者でビデオを見ることにした。

その日の授業でも、山本君は急に奇声を発してやらなくなったとのこと。

授業は算数だった。

最初、山本君はやる気まんまんだった。

「答えはいくつですか。わかる人！」という教師の声に、「ハイ、ハイ、ハイ」と興奮気味に手をあげる。あてられて正解すると、「簡単、簡単。よ～しやるぞ！」と、さらに絶好調になった。

しかし、次の問題に移った時、山本君は暴れ出すことになる。

その場面は、文章題だった。

問題を読み終わり、教師は次のように指示した。

式はどうなるでしょうか。はい、ノートに書いていきなさい。

先ほどの正解でハイテンションになっている山本君は、ものすごいスピードでノートに書き始めた。そして、すぐに興奮気味に手をあげた。

「ハイ、ハイ。簡単だ。簡単すぎる。ぼく、できた」

さらに興奮してしゃべり続ける山本君を制御できず、教師は山本君を指名した。

山本君は、次のように答えた。

24÷8＝3　答え3本です。

この山本君の答えに対し、教師は次のように言った。

先生は、式を書きなさいと言いました。ちゃんと聞いていなさい。


ずっと山本君がしゃべっていたことに、腹が立っていたのだろう。厳しい口調だった。

山本君は、「何で、うそ～。合ってるよ」を繰り返していた。

そこで、「静かにしなさい」と担任教師のダメ押しの一言。

それで、「もうしない！」と、机に突っ伏してしまった。その後は、担任教師の言っていたように、大声を出したり、机をがたがたとならしたり、授業妨害を繰り返していた。

三　悪いのは山本君？　それとも教師？

このビデオを見ている時に、私は「えっ！」と声を上げた。

担任教師の次の言葉のところである。

〝先生は、「ノートに式を書きなさい」と言いました〟

先ほどの教師の言葉を見てもらいたい。そんなふうには言っていない。

「式はどうなるでしょうか。ノートに書いていきなさい」と言ったのだ。

これは、同じようで全然違う。

「ノートに書いていきなさい」なら、答えまで書いたっておかしくない。

しかも、「ノートに式を書きなさい」とは、一切言っていないのだ。

山本君のしたことは悪いことなのだろうか。

そのことをビデオを見ながら指摘した。

担任教師は、何のことだか全然わかっていなかった。他の参加者もわからないようだった。それだけ、教師が発する言葉というものに対して意識がないのがわかる。もう一度、ビデオを巻き戻して、全員で確認した。

参観者は、先ほどの私と同じ所で「あっ！」と声をあげた。

「悪いのは私でした。そう言えば、今までに暴れた時にも、同じような場面があったように思います」と、担任教師はショックを受けていた。

教師の言葉は、明確な上にも明確でなければならない。

何度言い直しても、一語もぶれてはいけない。

だからこそ、言葉は削るのだ。

教師は、もっと自分の言葉に責任をもたなくてはならない。

「ノートに書きなさい」と「ノートに式を書きなさい」の違い。教師の言葉は明確に。

6 隙を作らない

一　荒れたクラスにはできた長い列

「教室にできる列の後ろには、学級崩壊の亡霊がついてくる」と言われるが、列ができないようにするには、相当な意識が必要である。

〝列を作ってはいけない〟という言葉は有名である。しかし、知っているのとできているのは全く別のことである。

少しでも気を抜くと、すぐに列ができてしまう。

並んでいる時には、何もすることがない。だから、子どもたちはおしゃべりを始める。最初はささやくような声が、だんだんざわざわとした感じになってくる。そして最後は騒ぎ出す。

これは、学級崩壊に陥っていくプロセスと極めて似ている。

荒れたクラスの教室は、このような状態が続いている。

あるベテラン教師は、荒れたクラスの教師に、「子どものことをもっとよく見てあげることだ」とアドバイスした。その教師は、一人一人丁寧に丸付けをしていた。

そして、「よくできたね」と話しかけていた。

二人目、三人目の丸付けが終わる頃には、すでに長い列ができあがっていた。

二　先生を呼ぶのではなく、先生のところにこさせる

ある女性教師の授業を参観した。

問題を解く場面で、「わからなかったら、先生を呼んでね」と指示した。

子どもたちは、最初はかわいらしく「先生、来て」と言う。

しかし、子どもというのは、連鎖反応を起こすものである。次々と、先生を呼ぶようになる。

「先生、来て」

「ちょっと待ってね」

「早く来て」

先生を呼んで待っている間は、空白の時間である。わからないから呼んでいるのだから、その間はおしゃべりぐらいしかすることがない。

教師は、自分がまわっている間は、他の子への対応ができない状態にある。

そのうち、声を荒げる子が出てきた。

「何で、そっちばっかり行くの？　こっちに来て」

「いつまで待てばいいの！」

質問に答えてもらう方がえらそうにしている。おかしな光景である。

その教師は、最初は「ごめん」と謝っていたが、そのうち我慢の限界を超え、「うるさい！」と大声で怒鳴った。

これは教師のやり方が悪い。

質問を受けるならば、みんなの前で聞く。

しかも、質問は一括して受ける。これが鉄則である。

ただし、作業などで個別に対応することが出てくるかもしれない。

その時は、こう言えばいい。

「わからないことがあったら、先生のところに静かにいらっしゃい」

静かにである。騒がしくやっていると、他の子のじゃまになる。こうすると、態度は変わる。先ほどのような増長した態度は見られなくなる。

質問に答えてもらったら、「ありがとうございました」とお礼を言わせる。教師は、ニコッと頷けばいい。

教師が子どものところにでかければいいと言う人がいる。呼びつけるのは、おこがましいと言う。では、一体どちらが、子どものためになるであろうか。

このように言う教師は、表面的なことしか見えていない。

三　隙を作らないために必要なこと

列を作るのも、子どものところに教師が行くのも、荒れたクラスでは絶対にやってはいけないことである。

それは、〝隙〟を作っていることになるからである。教師は、他の事態が生じた時に、すぐに対応できる状態にいなければならない。

特別支援を要する子を何人も担任してきて、隙を作らないということの大切さを痛感した。その子だけに対応していると、全体が隙だらけになるのである。

最初に、列を作らないのは難しいと書いた。

では、列を作らないためには、どのようなことが必要なのだろうか。

例えば、練習問題が四問あれば、三問目ができたところでノートを持ってこさせるということである。

ぜひ、考えていただきたい。

・教師の立ち位置　・教師の視線
・子どもへの声かけ　・ノートの出させ方　……

例えば、算数の問題を最初の子が持ってくる。

その時、「日付が書いてありません」や「ミニ定規を使っていません」などと、他の子に聞こえるように言う。

これもちゃんと意味がある。これは、その子だけでなく周りの子にも言っているのだ。この言葉で、ノートを持ってこようとしていた子が何人か席に戻っていくだろう。これをだまってやっていると、いちいち対応しなくてはいけなくなる。すぐに列ができていくだろう。

子どもへの声かけ一つとっても、このような意味がある。

隙を作らないようにするには、このような一つ一つのことを、教師が真剣に考え、意識しなくてはならない。

ただ、知っているだけではダメなのである。

7 鈍感さをなくす

一　平気で子どもの列に入る教師

運動会の全校練習で準備体操を行っている時、ベテランの教師が若い教師に次のように指導した。

先生は前に立つんじゃなくて、子どもたちの中に入って指導すること。


子どもたちは、前に立っている担当の児童を見ながら体操をしている。

教師が中に入って指導するというのは、一見正しいことのようだが、実際にはこういうことである。


教師が周りの子どもの視界をさえぎっている。


つまり、〝教師の周りにいる子は、前の人が見えなくてもいい〟と言っているようなものである。教師が、子どもの邪魔をしているのだ。

列に入るのは、指導する時ではない。体調が悪くなる、トラブルなどの突発的事項が起こった時である。

プロなのだから、指導すべきことは覚えておいて、後で個別に指導すればいい。

そのためにも、教師は子どもたちの前に立って、子どもを見ている必要がある。

それにもかかわらず、教師の世界には、子どもの列の中に入って指導するのがよい教師だというような誤った風潮がある。

しかも、これをベテランが若手に指導するのである。熱心なある若い教師は、朝会・集会・始業式や終業式など、いつも最初から子どもたちの列に入っていた。しかも、このようなひどい行為をよいと思って一生懸命行っていたのである。

しかし、教師が列に入れば入るほど、子どもたちは落ち着きをなくしていった。

ある時、「教師が列に入って指導するのはよくない」ことを話すと、その若手教師は、「今まで自分がやってきたことを考えると、ぞっとする」と言って、深く反省していた。

教師がよかれと思ってやっていることが、実はひどいことだったということがよくある。鈍感なことは、罪である。

二　研究授業で見た鈍感さ

ある教師の研究授業を見て、あまりの鈍感さに腹が立った。

まず、語尾が不明確で、後ろまで声が届かない。しかも、黒板を見て発問をしている。だから、何を言っているのかさっぱりわからない。

授業以前の問題である。

ここまででも充分ひどいのだが、私が腹を立てたのは、ここではない。

その教師は、ほとんど同じ場所で話し、黒板を書き、授業を進めていた。

これは次のことを意味する。

一番前の端の子は、ずっと黒板が見えない。

その子は、どんなに努力してもほとんど黒板が見えなかったはずである。

ずっと見えづらそうにしていたが、教師は一向に気づかない。というより、その子の方を見ることもほとんどなかった。

「子どもたちに黒板が見えているかな？　自分のいる場所が邪魔になっていないかな？」

そのような配慮は、教師なら当たり前のことである。

この授業は、人権を扱った授業であった。指導案の中には人権の大切さについて、何度も何度も出てくる。授業反省でも、人権の大切さを何度も強調していた。

にもかかわらず、このような根本的なところが欠落しているのである。

その子が、かわいそうでならなかった。だから私は、無性に腹が立った。

三　教師の鈍感さが子どもの人権を侵害している

教師は、人権の大切さを口にする。大切なことである。

しかし、私は、人権の大切さを語りながら、次のような行為を平気で行っている教師を信用しない。

教師の立ち位置が子どもの「死角」をつくっている！

①子どもの列に入って指導する教師。
②スリッパを履いて授業する教師。
③赤チョークを使う教師。
④チャイムがなっても授業を行う教師。

これらは、全て子どもたちの人権を侵害している行為である。

周りを見渡してみると、このような教師がたくさんいないだろうか。

ちなみに③は、緑の黒板に赤のチョークで書くことで、はっきりと見えない子が出てくるということを表している。

教師がよかれと思ってやっていること、当たり前のようにやっていることが、実はひどいことであることが多い。

何度も言うが、鈍感なことは罪なのである。このような教師の行為に、子どもたちは敏感である。いくら立派なことを話していても、子どもたちは教師を信用しない。

このような鈍感さの積み重ねが、不信感を招き、クラスの荒れを生んでいく。

第3章

よくないことをした時の叱り方・褒め方の新基準

1 叱る基準と褒める基準は同じ

一 勝手な行動をどこまで許すのか（NG指導「怒鳴って問題行動をやめさせる」）

現場の教師からの発達障害の子に関する質問で、もっとも多いのが次のような内容である。

つまり、困った行動への対応をどうするのかということである。

そこには、「困った行動をやめさせる」ことに主たる目的がある。

「困った行動をやめさせる」ということが目的であるから、次のような指導が生じてくる。


怒鳴って問題行動をやめさせる。

そこには、行為をやめさせるという視点のみで、次の視点がない。

育てる。


教育に必要なのは、どちらなのかは言うまでもない。

しかし、「怒鳴って行為をやめさせる」指導が、現場にいるものなら実感としてどれだけ多いかは言うまでもないだろう。そして、発達障害の子が、もっとも傷つけられるのが行事の指導であろう。

なぜなら、行事の指導ではクラスだけでなく、大勢の前で叱責されるからである。しかも、毎回のように何度もそれが続いていく。

集団で動くということは、刺激も多く問題行動を起こしやすい。

さらに、待っていて何もしない時間が多い。さらに、指導時間が長くなるケースが多い。

そして、大きな行事の前には、毎日毎日練習が続いていく。

つまり、毎日毎日、大勢の前で叱責される経験を積んでいくことになる。

このようなことが起こるのは、教師の発達障害に対する知識がないだけではない。そこに、発達障害の児童を「育てる」という意識がないからだと考えている。

二　学年全体指導の場で否定的な言葉を言う児童

学年四クラスを集めて、歌の指導を行った。そこで、筆者が個別評定で歌い出しの指導を行うことになった。

まず、学年を半分にして、声の大きさを10点満点で評定していく。

最初は、1、2点と厳しく評定する。そのことで、子ど

歌声の大きさに点数をつける。発達障害の子どもたちの多くが好きな指導法！

もたちが熱気を帯びた状態になっていく。

発達障害の子どもたちの多くが、この指導法が大好きである。

点数をつけることで、自閉症グループの子は、合格ラインの見通しがもてる。また、ＡＤＨＤの子は、挑戦意欲がかきたてられることを非常に好む。

この時も、全体が熱気を帯びた状態になっていった。

しかし、そんな中で、ある男の子が否定的な言葉を発した。

「挑戦したいですか？」という私の言葉かけに、

挑戦したくね〜。


と言ったのである。

この子は、気に入らないことがあるとキレて、教師にも暴言をはいたり、モノを蹴飛ばしたりするような子だった。

強く叱れば、その場は言うことを聞くかもしれないが、それでは彼の状態がよくなることはない。

そして、それは向山型ではない。では、どう指導していけばいいのか。考えてもらいたい。

三　巻き込んで事実を創る

否定的な言葉を聞いた私は、次のように言った。

挑戦しようという人、立ちなさい。

全体が勢いよく立つ中、少し遅れてその子も立った。

心の中では嫌なのかもしれないが、事実として彼は立ったのである。これで、彼を巻き込んだ。

私は、ここでその子が立つように、その子がいる方に体を向けて少し圧力をかけていた。しかし、目は合わせなかった。

多くの場合、これが逆になる。それでは、余計に反抗するだけである。

ここでは、とにかくやったという事実を創ることが何よりも大切だと考えた。

その後、全体に、挑戦したこと、声が大きくなったことを褒めて指導を終えた。

他の教師に指導をバトンタッチした後、その子がいる列の中に入っていった。

そして、思い出したようにこう聞いた。

本当は、挑戦したくないと思っていた人？

その子は、やばいという顔をしながらゆっくりと手をあげた。私は、すぐに「正直でえらい！」と褒めた。

そして、その子と二人で話をした。

嫌だと思うのはしょうがいない。でも、それをみんなの前で言うのはよくない。そのことは知っているよね。（頷く。）

でも、君はその後でちゃんと立ってみんなと挑戦したよね。

それがとっても大切なことなんだ。

悪いことをした時、二つの道がある。
一つは、「もうどうでもいいや」とあきらめてしまうこと。
もう一つは、「今からやろう」と態度を直すこと。
君は、今日ちゃんと自分でよい道を選んだね。
成長したなあってうれしかったよ。次もがんばろうな。

がんばったことを褒めると、彼は「ハイ！」と力強い返事をして、列に戻っていった。

体育館から教室に帰る時、彼が私に近寄ってきた。

そして、「先生ありがとう」と言ってニコッと笑ったのである。

中学年の時期は、ギャングエイジと言われる通り、自我が芽生え、周りの様子が理解できてくる時期である。だから、低学年に比べ、このような場面が数多く出てくるようになる。

しかし、まだ高学年に比べれば素直な時期である。だから、今回のような指導が素直に入っていく。逆に、怒鳴って力で抑えることもまだ可能な時期である。だからこそそのＮＧ指導が、本当に多い。

そして、それが高学年や中学校といった力ずくで抑えられない時期になって、影響を及ぼすようになっていく。

こういった子は、教師の意図的な行為がなければ、成功体験は望めない。その事実を引っ張り出すのが、教師の仕事である。そして、育てるという意識をもって励まし続ける教師だけが、障害のある子への指導ができると強く感じている。

四　行事は褒めるためにある

大変だと言われる発達障害の子を担任するようになって、必ず周りの教師に言われることがある。

小野先生の言うことだけ聞いて、私たちの言うことは聞かない。

たしかにもっともだが、私が担任する児童の多くは、叱責を続けられてセルフエスティームが下がり、学力も充分に身についていない状態である。

それが、担任の言うことだけでも聞くようになったというのは、大きな進歩である。

そして、そのような状態になったのは、その子から信頼と尊敬を勝ち得たからである。

ここで考えてみよう。他の周りの教師が、そのような子に接する時にはどのような場面が多いだろうか。

問題行動を起こした時。

つまり、周りの教師がその子に接する時は、ほとんどが叱責の場面なのである。これで、関係が作られるはずがない。褒めることでしか、関係は作られない。ここでも、「育てる」という意識が欠落しているから、このような状況に陥ってしまうのである。「行事は褒めるために行う」、その意識を教師がもつだけで、救われる子どもたちが多くいるのではないだろうか。

五　叱ってはいけない

次のような質問をもらった。

「特別支援を必要とする子は叱ってはいけない」
という話をよく聞きます。
しかし、褒めてばかりでは、うまくいかないことが多々あります。
どの程度まで叱ってはいけないのか、悩んでいます。

例えば、命にかかわるようなこと、著しく友達に迷惑をかけてしまうようなことは、叱らなければならない。

問題なのは、叱らなくても済む時に叱ることである。

甲本卓司氏は、次のように述べている。

「先生、見えない、見えない」と言った時には、「先生、どいたら見えるからね。ほら見えるようになった。
そんなふうに言うもんじゃありません」と私は言いますね。

これを「うるさい」と叱る必要はない。叱らなくても、説明すれば理解できるのだ。

これを多くの教師は、自分の感情にまかせてすぐに叱ってしまう。

これが問題なのだ。少々の問題ではない。大きな問題である。

では、何がそれほど大きな問題になるのであろうか。考えてもらいたい。

一つには、自尊感情が低下するということがあげられる。

『発達障害の子どもたち』（講談社現代新書）の著者、杉山登志郎氏は、発達障害の子への指導の方針として、「おだてまくる」ことを主張している。叱ることで、望ましい行為が定着していくことはないのである。

脳科学の専門家、平山諭氏は、子どもの脳がセロトニンを出すような教師の対応が必要だと主張する。叱ることによってセロトニンが低下すれば、ますます問題行動が増えていくというのだ。

もう一つの問題は、何でも叱っていると、子どもはどれが重要なことなのかがわからなくなってしまうということがあげられる。

特に、入門期の指導では、何がもっとも大事なことなのかをはっきりと明示しなくてはいけない。

つまり、子どもの行為に対して、教師がどのように対応するかで、何がより重要なのかをわからせる必要があるのである。

例えば、「命にかかわること」と「授業中におしゃべりしたこと」とは、全く次元が違うことである。これを感情にまかせて叱っていると、子どもは混乱する。そして、結局、何も重要なことが定着しなくなっていくのである。

褒めることでしか、望ましい行為は入らない。

褒めるのは、よいことをした時だけではない。例えば、悪いことをして反省した時、謝った時、注意でよくない行為を止めた時なども、褒めるための非常に重要なチャンスなのである。

褒めるタイミングを逃してはいけない。

２「叱る三原則」の意味

一　勝手な行動をどこまで許すのか

ＡＤＨＤの子が、授業中、勝手な行動をすることがある。立ち歩いたり、机に突っ伏したりというような場面をよく見る。

そんな時、どこまでその行動を許せばいいのだろうか。そのことで、悩んでいる教師も多いだろう。

叱る基準の大原則は、こうだ。

他の子の学習権が侵害されるかどうか。

他の子の学習権が侵害されるというのは、どのような行動なのか。次のような行動が考えられるだろう。

①友達に暴力をふるう。
②暴れる。
③友達に、ちょっかいを出して、邪魔をし続ける。
④大声を出す。
⑤大きな音を立てて動き回る。

その行動のせいで、他の子の学習に迷惑がかかる時には、放置していてはいけないのである。

これを許していると、全体がぐちゃぐちゃになっていってしまう。

二　よくない行動を放置しておくと、他の子が追随し、クラスは荒れていく

このような行為がまかり通ると、その子だけでなく、周りの子が追随するようになる。こうなると、確実にクラスは荒れていく。

周りの子の口癖はこうだ。

「だって、村田君だってやってるじゃないか！」

私が担任する前の村田君のクラスは、まさにこうだった。これは、①～⑤のような行為を放置しているからダメなのだ。

最近、「ＡＤＨＤの子を叱ってはいけない」という誤解が生じているような気がする。

「周りに迷惑をかけることは許されない」ということは、はっきり示しておかないといけない。子どもに遠慮していては、いけないのだ。

私は、担任した村田君をよく叱っていたと思う。

叱る基準は、「他の子の学習権が侵害される」であった。

その時に、いつも心がけていた三つの原則があった。

【叱る時の三原則】
①全体の前で叱る。
②短く叱る。
③叱ったことは、その場で終わり。

この三つの原則があったおかげで、村田君がいたクラスでの学級経営を成功させることができたと思っている。

それぞれの行為には、意味がある。

まず、「①全体の前で叱る」のは、クラスに基準を示すためである。

例えば、村田君の行為を叱るとする。表面上は、村田君だけが叱られているようであるが、これは同時に全体へも作用している。「ここまでやってはいけない」という基準を、全体に示すのだ。だから、他の子が追随しなくなる。

次に、「②短く叱る」。私の場合、「すいませんでした」と謝れば、すぐに座らせていた。そのことで、子どもたちは、いつも素直に謝れるようになった。

「ちゃんと謝れば許してくれる」と思うから、子どもたちは反省する。短く叱られるから納得する。だから、次に叱られた時も素直に謝れるのだ。

これを長々とお説教しているとどうだろうか。このような教師の行為が、子どもたちから素直さを奪っていく。

そして、「③叱ったことは、その場で終わり」。教師が許したのだから、次へ引きずってはいけない。たとえムカッと腹が立っても、次の瞬間はニコッと笑っている。プロであれば、そのぐらいの切り替えは必要だ。子どもたちは、本当に教師の姿を見ている。そのような教師の姿が、子どもたちをどんどん素直にさせていく。

三　叱ることでADHDの子どもを守る

叱る三原則の「①全体の前で叱る」には、実はもう一つ大きな意味がある。

それは、そうすることで、「ＡＤＨＤの子を守る」ということである。

村田君は、周りの友達から敬遠されていた。しかし私が担任になり、全体の前でしょっちゅう叱られるようになると、村田君は周りに受け入れられていった。

周りの子の不満がたまらなくなったのだ。しかも、村田君は叱る三原則のおかげで、素直に謝るようになった。

その結果、村田君や周りの子に、謝ったらその場で終わりという雰囲気ができあがっていった。そして、後に引きずらなくなっていった。

この好循環で、六年生の終わりには、ほとんどトラブルがなくなった。

私は、このように叱ることで、ＡＤＨＤの子を守っていたのである。

叱る基準をはっきりとさせるから、叱る三原則も生きてくる。

叱る基準は、「周りの子の学習権が侵害されるかどうか」「迷惑がかかるかどうか」である。

この基準がぶれれば、ＡＤＨＤの子を指導することは絶対にできない。

3 怒鳴ることは脳科学を無視した指導法

一 対人恐怖症がある谷口君

行事の指導で、子どもの動きが悪いと、すぐに大声で怒鳴る教師がいる。

そのことが、発達障害の子にとってどのような影響をもたらすのか考えたことがあるだろうか。

それがよくわかる出来事があった。

「〇〇、ぶっころす！」

これが、交流で来ている特別支援学級の谷口君の口癖だ。

谷口君は、広汎性発達障害。対人関係の恐怖症がある。集団に入るのが苦手で、始業式初日は、交流学級に入る時に震えていた。

谷口君は、いつも否定的な言葉を繰り返す。

> 学校が壊れてしまえばいい。
> 俺が高校生になったら、おまえなんかぶっころしてやる。
> なんで運動会なんかあるんだ。
> 交流に行くと、心臓が止まる。

そう言いながらも、交流から帰ると最近は、ルンルンの状態なのだそうだ。

谷口君は、国語、社会、算数以外の教科は、交流で学習している。

二　運動会の全体練習でパニックになる

ある日の運動会の全体練習の後、予定の交流に来なかった。

最近、喜んで交流に来ていたのにおかしいなと思っていたら、どうやら全体練習が原因で荒れていたという。


「○○ぶっころす」

「あいつなんか、消えてしまえばいい」

「あいつがいるから、できないんだ」


そんな言葉の繰り返しだったそうだ。
○○とは、体育主任のこと。
体育主任に対して、パニックになるほど怒って、右のような言葉を浴びせかけていたのである。

体育主任は、いったい谷口君に何をしたのだろうか。考えてもらいたい。

その場にいた私も、全く見当がつかなかった。

なぜなら、体育主任は、直接には谷口君に何もしていないのだから。

では、谷口君がパニックになった理由は何なのだろうか？

三　パニックになった理由を谷口君に聞く

次の日、交流の学習を早めに終わったので、教卓のところに谷口君を呼んだ。膝の上にのせて、全校練習のことを聞いてみた。

この前、交流に来なかったでしょう。先生、心配していたんだぞ。どうして来なかったの?

谷口君はもじもじしていた。

○○先生のことを怒ってたんでしょ。

こう言うと、一瞬、不安そうな顔になったので、すぐに、

いいんだいいんだ。思ったことは本当なんだから。それに、もう終わったことだからね。

そう言うと、「は～」と深呼吸し、少しやわらいだ。
続けて、何に腹が立ったのかを聞いてみた。
谷口君は、次のように理由を教えてくれた。

いつも怒るから、こわくなるんだ。胸がドキドキして、どうしていいかわからなくなるんだ。あいつは、怒ればいいと思っているんだ。

だから、許さなかったんだ。


谷口君の言葉を聞いて、一瞬、言葉を失った。

しかし、そのことを話す谷口君は、少し興奮気味になっている。自閉症の子には、過去のことを思い出すフラッシュバックがある。

すかさず、次のように言った。


そうかそうか。悪いことをした時、怒られるのはしょうがないけどなあ。

いつも怒ってたら、こわいもんなあ。


そう言うと、安心したように、「うん」と頷いていた。

四　教師の世界の恐ろしい習慣

特別支援を要する子どもは、行事が苦手である。それなのに、そういった子に、教師がさらに負荷をかけていたのだった。

行事の前になると、学校のあちこちから教師の怒鳴り声が聞こえる。

怒って動かす。
怒鳴って動かす。

これを特別支援を要する子に使うということは、どのような影響を及ぼすのかということが、はっきりとわかった。

ちなみに、私の学年は褒めることを中心に練習を進めた。だから、谷口君にストレスはなかった。目の前の子どもの事実に目を向けることなしに、特別支援教育など成り立たない。

五　怒鳴る教師は技量が低い

子どもがよくない行動をとった時、すぐに怒鳴る教師がいる。例えば、授業中に子どもがおしゃべりをした時などである。

怒鳴らなくても、おしゃべりをしている子を静かにさせる方法は、たくさんある。

例えば、次のような方法だ。

①全員を起立させて、何か作業を与える。(例：一回読んだら座りなさい)
②個別にあてていく。
③「邪魔になっているよ」と伝える。

ちなみに、この三つの行為には、それぞれに意味がある。

このような教師の行為に、脳のキーワードを出して説明できない教師が、怒鳴るのだ。

例えば、①は前頭葉に元気・やる気のもと、「ドーパミン」を放出させているのである。動くとドーパミンが出る。

そのことを知っていれば、①のような方法が、瞬時に頭に浮かぶであろう。

ここでは三つの例を出したが、他にも方法はいくらでもある。

すぐに怒鳴る教師は、「怒鳴る」という選択肢しか頭にないのである。つまり、教師の技量が未熟なのだ。

子ども相手にどうしても怒鳴らなければならない時というのはほとんどない。あるとすれば、危険なことを止める時ぐらいだ。

六　怒鳴ることに意味がなく、厳しく叱る指導が悪い理由

怒鳴ることでは、子どもはよくならない。厳しく叱ることでは、子どもは変わらない。

子どもをよくするというのは、正しい行為を学ばせるということである。

しかし、学校ではいまだに「厳しくすることが大切」「悪い時は強く叱って、もう二度としないと思わせなければならない」と主張する教師が多い。

それが間違っていることは、脳の仕組みを見れば明らかだ。

脳の部位で考えてみると、何かを学習するというのは前頭葉の担当である。つまり、この前頭葉がうまく働く環境を教師が作ってあげる必要がある。

怒鳴る、怒ることで影響するのは、扁桃体《へんとうたい》という脳の部位である。

ここは「好き嫌いの脳」とも言い、うれしい・不安などの情緒的な感情を司っている脳である。

外から入ってきた情報は、前頭葉を通る前に、必ずこの扁桃体を通る。

このような仕組みがわかれば、次のことも理解できるだろう。

好きなことはすぐに覚えられるが、嫌いなことはなかなか覚えられない。つまり、前頭葉がよく働くためには、まず扁桃体が「楽しい」「好きだ」「やってみたい」「安心だ」といった状態になっていなければならない。

逆に、扁桃体が「嫌だ」「怖い」「不安だ」という状態では、前頭葉は働かないのである。

では、「教師が怒鳴った」時はどうであろうか。子どもの扁桃体は、「怖い」「不安」でいっぱいになってしまう。当然、前頭葉はうまく働かない。

だから、怒鳴って指導しても中身は前頭葉には届かない。怒鳴った後にいくら大事なことを言っても、何の効果もないのだ。同じように、長いお説教も効果がない。

また、怒鳴ることは発達障害の子には害になる。

前述の谷口君は、運動会の全体指導で怒鳴る教師を見て、パニックになった。「怒鳴り声を聞くと、胸がドキドキしてどうしていいかわからなくなる」というのだ。

この子は、これで全体の場に出られなくなった。これは誰が責任をとるのか。怒鳴ることは、教師が未熟な証拠であり、子どもにとって害になるということを自覚すべきである。

まずはその子の気持ちに同意し、不安を取り除き、その上で大切なことを穏やかな状態で教えることが必要なのである。

前述のように、脳の状態を「嫌い・不安」ではなく、「好き・安心」の状態にすることが、効果的な指導法

教師が怒鳴ると、発達障がいの子どもの脳には害になる。

なのであり、次の図のような状態になれば、回路が流れていくというわけである。これが指導の原理なのだ。

怒鳴ること、厳しい叱咤によって、脳の学習回路はシャットアウトしてしまう。

だから、平山諭氏が提唱するセロトニン5（見つめる、ほほえむ、話しかける、触れる、褒める）は、教師にとって必須の技術なのである。

向山氏の「教えて褒める」もまさに同じである。そのことによって、この回路が流れることになるのだ。

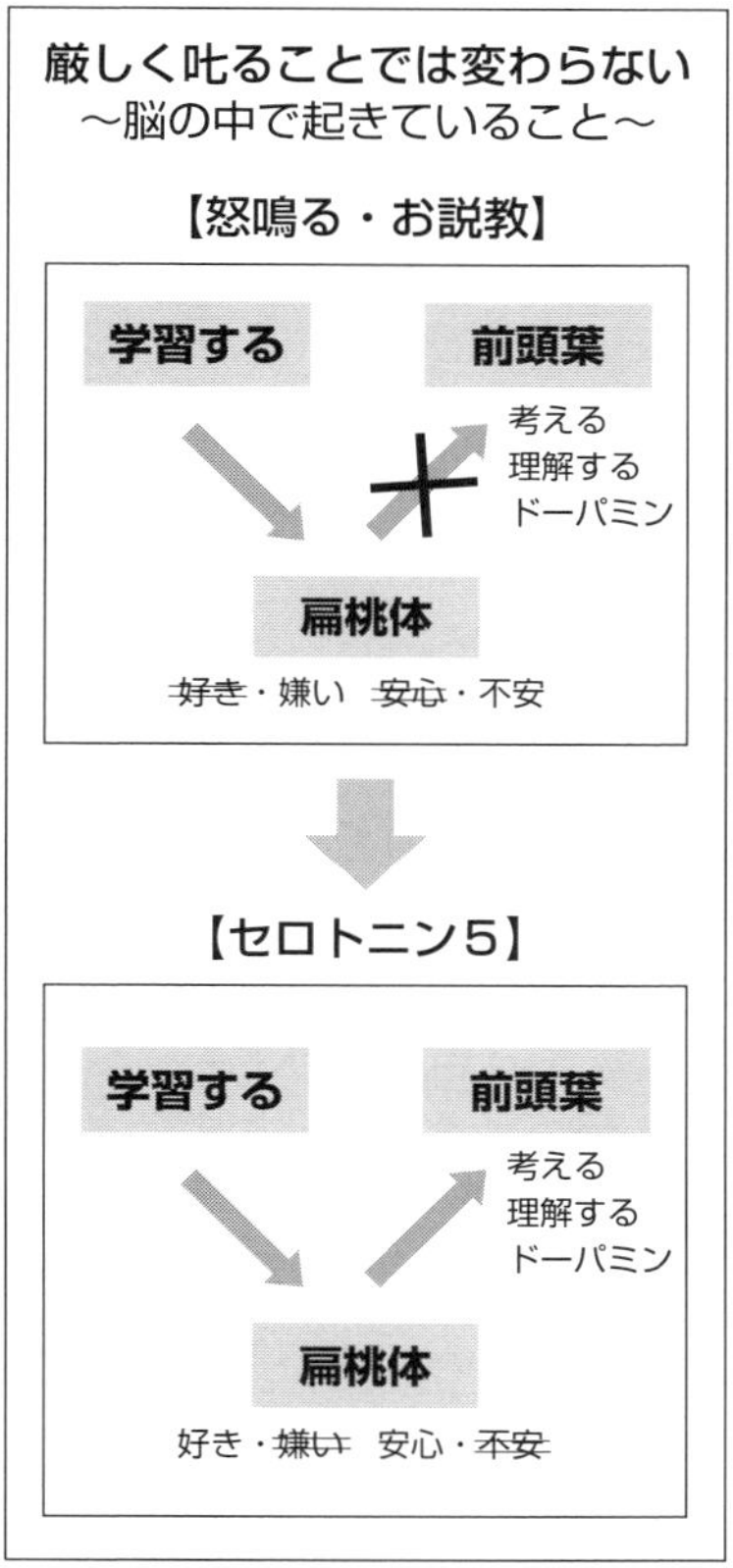

七　セロトニン5の自己採点

では、どのぐらいこのセロトニン5を使った対応ができているだろうか。

自分自身の指導を自己採点してもらいたい。知っていることとできることは違う。

私が担当する子どもたちは、みな「自尊感情」がボロボロに傷つけられた子ばかりである。

一度でも怒鳴ったり、約束を破ったりすれば、それで積み上げたものはガラガラと崩れていく。そもそも人に対して、不信感を抱いているのだ。教師の対応はこのセロトニン5しかない。

いつでも、どこでも、どんな状態でもこのセロトニン5の対応ができるか。

それが、特別支援学級担当になって、私につきつけられた課題だった。

ある子は、「よくできたね」と褒めると、「どうせ偶然だ」と吐き捨てるように言った。

この子は、褒めることを受け入れることができないぐらい自尊感情が傷ついているのだ。

私は、次のように対応した。


できるようになるまでには必ず、今回のように「偶然できた」ということが何回か起こる。そして、本当にできるようになっていく。だから、今回のことはできる力がついてきたという証拠。この最初の一回が難しいんだ。


ここまでやって初めて、この子は褒めることを受け入れることができた。

「どうせ偶然だ！」と吐き捨てた時、微塵の動揺も見せず、セロトニン5の対応ができるか。教師は試されているのだ。

この時、忘れてはならないのは、周りの子どもも教師の対応を見ている、ということである。それを常に意識していなければいけない。

何度も何度も裏切られ続けた子たちである。自分だけでなく、友達の様子を見ても不安なのである。

セロトニン5の知識は、TOSSでは既に常識になっている。

しかし、実際にできているかどうかは別である。ぜひ、「セロトニン5の対応が常にできる」ということが、TOSSの常識になってほしいと願っている。

4 集団の中で褒めるから、規範意識が生まれる

一 「俺、バカだから」

診断は下りていないが、以前からずっとＡＤＨＤではないかという疑いのある男の子がいる。

気分のムラがあり、同じ姿勢が一分と続かない。また、指示が一度で聞けないことが多い。漢字が苦手で、テストでは10点、20点を連発する。

その子が授業中、ピント外れの意見を言った。そして、その直後に自分で次のような言葉を発した。

「俺、バカだから」

みなさんは、どう対応するだろうか？

これを若い教師に聞いてみた。すると、次のような答えが返ってきた。

「そのまま流す」「わからない」「そんなことないと言う」

私の対応は、最後の「そんなことないと言う」であった。ただ、正確に言うと少し違う。このように対応した。

①それは違う。木村君はバカじゃない。

すぐにこう言い、さらに続けた。

②みんな、そうだよなあ。木村君、とってもできるようになったよなあ。

こうやって、周りに聞いたのである。すると、周りの子も反応する。

「うん。前よりも、木村君はすごいできるようになった」

これを聞いた木村君は、照れくさそうだったが、とても穏やかな表情だった。

周りから認められるのは、とても大きい。認められているからこそ、安心して自分の想いが出せるのである。

二 「俺、バカだから」への対応の意味①

TOSSで特別支援を学んでいるなら、①の対応はできるだろう。しかし、①の対応だけでも奥が深い。

まず、教師が言うタイミングである。少しでも間が空きすぎると、わざとらしく聞こえる。

こういうことには、子どもは非常に敏感である。その子だけでない。周りの子もすぐに気づく。

そうなると、信頼を勝ちとることはできない。だから、その場ですぐに対応できないといけない。

すぐに言えるというのは、次のことを意味する。


いつもどのような場面でも同じような対応をしている。


授業中でも、休み時間でも、トラブルの時でも、運動会指導でもいつでもである。そうでない、その場だけの対応では、絶対に子どもには伝わらない。

また、言い方も大切である。ひょっとすると、教師の言葉に素直に反応しないかもしれない。

以前担任したＡＤＨＤの子は、「どうせ、できないもん」が口癖だった。

今まで、何度も何度も苦しい目に遭ってきたのだから、そう言うことで自分を防衛しているのである。

そういった反応も含めて、「全てを受け止めてやる」という覚悟があるか。全てを包み込むようなあたたかさがあるか。それが短い言葉の中に表れるのである。

三　「俺、バカだから」への対応の意味②

特別支援において一番初めに取り組むことは、「学級経営」だ。

②の言葉は、学級経営が成功しているからこそ、言えることである。

そうでなれば、「俺、バカだから」という木村君の言葉を、周りの子が受け止めることはできないだろう。

自分が満たされている状態だからこそ、他の子のことを認めることができるのだ。ただ、学級経営に自信がないからといって、②を恐る恐る教師が言うのは、一番よくない。

①の時と同じように、全てを受け止める教師の覚悟、あたたかさが必要なのである。

この対応は、私が考え出したものではない。実は向山氏の追試である。

モデルになったのは、セミナーのパーティでの向山氏の対応である。

模擬授業をした教師が、「授業が全然ダメでした」とスピーチした。その言葉にすぐ、向山氏が反応する。

「そんなことない。よかったよ。（周りに向かって）ね、よかったよね」

すると、周りの教師がすぐに、「良かった、良かった」と反応する。その言葉に、授業者は涙ぐんで喜んでいる。このような場面を何度も見た。きっと、向山学級でも、同じような場面があったのだろうと思う。

自己尊重感を持たせることで、ＡＤＨＤの子は変化していく。そのためのヒントは、向山実践に隠されている。もっともっと、私たちは、向山実践から学ばなければならない。

5 向山氏の叱り方から学び、怒鳴る指導をなくす

一 怒鳴ることは脳を傷つける

前述の通り、発達障害の子に、怒鳴って指導することは絶対にいけない。

それは、脳科学の面から考えてみれば常識である。

まず、これも前述のように、扁桃体に影響するという問題がある。扁桃体は、好き嫌い、安心感や不安を感じる脳である。

怒鳴られると、この扁桃体が攻撃されることになる。

何度も怒鳴る指導が続けば、チックや指すいなどの行為となって表れる。脳がＳＯＳを出していることがわかる。

運動会の全体練習で怒鳴る教師を見て、パニックになった子は、その理由を次のように話していた。

「たとえ自分に向かって言われていなくても、そのように感じる」というのだ。

このことを知った時は、大きな衝撃だった。

二 ワーキングメモリーへの影響

怒鳴ることは、ワーキングメモリーにも影響する。

発達障害の子は、ワーキングメモリーが少ない。平均で2・2ぐらい、集団の中に入ると1・4ぐらいになるという報告がある。

これが、怒鳴られると、「怒鳴られたということ」自体で、ワーキングメモリーがいっぱいになってしまうのである。とても他のことなど考えられない状態である。

だから、いくら大事なことを指導したとしても、怒鳴っていては何も指導が入らないということになる。そして、覚えているのは、「叱られたことだけ」となってしまうのである。

三　向山氏は怒鳴らないのか

向山氏は、『子供と付き合う法則』（学芸みらい社）の中で、次のように述べている。

向山氏は、障害のある子を担当して、怒鳴っても何もよくならないことを実感したのである。

この時代は、今の時代とは違う。怒鳴る、時にはビンタも出るような時代に、このような方針を出していたことに驚かされる。

さらに、向山氏は怒鳴ることについて、次のようにも述べている。

例えば、目の前が危険な状態の時、やさしく諭す時間はない。

何かの行動を止める時には、怒鳴ることはある。しかし、指導で怒鳴ることはあり得ない。

四　向山氏の叱り方のポイント

ここに、発達障害児への叱り方のポイントが凝縮されている。

「叱る理由を短く言うこと」と、「初めてのことに対して叱るのではなく、次は叱るときつく予告したこと」である。

この対応のすごさは、叱るのではなく、「教える」要素が強いことにある。この「教える」ということなしに、発達障害の子の成長はあり得ない。

向山氏の叱り方は、怒鳴る指導とは対極にある指導である。発達障害児への叱り方について、私たちはもっと主張していかなければならない。

第4章

叱られた子どもの自尊心があがる、実録・喧嘩両成敗

1 子どもの話を聞く時の定石

一 よくある失敗

喧嘩の対応は難しいという声をよく聞く。

先輩教師にアドバイスすると、必ずといっていいほど返ってくるアドバイスが、

子どもの話をじっくり聞きなさい。

というものである。

しかし、これではうまくいかない。うまくいかないどころか、こじれることも多い。それは、このアドバイスがそもそも間違っているからだ。特に、こだわりのある発達障害の子に対しては、最悪の方法と言ってもよい。

もちろん、一人一人を個別に呼んでじっくり話をすることもあるかもしれない。

しかし、その場で喧嘩の仲裁をするのなら、この方法では間違いなく失敗する。

それはなぜか。子どもの状態が次のようになってしまうからだ。

①自分が話をしている時に、余計にイライラが募っていく。
②相手の話を聞いている時、口を挟む。そして、言い合いになる。

こうなると、教師が仲裁することによって、余計に状態が悪化していくことになる。

二　話を聞く時に大切なこと

そこで、次のようにする。

子どもの話は短く聞く。

これが定石なのである。その方が子どもは早く納得するのである。

ポイントなのは、子どもの話をじっくり長く聞くことではない。

子どもに「先生にしっかり聞いてもらえた」と実感させることが大切。

なのである。

そのためには、明確な意図をもった指導の順序や方法が必要になってくる。

こだわりのある発達障害の子も、学年一のやんちゃ君も納得する喧嘩の裁き方がある。それを実際の講座で行った様子をもとに紹介しよう。

2 喧嘩を止める時の声

一 力強さが必要

では、やってみます。最初のところから。
A「お前がドッジボールの線超えただろう!……」(Bと取っ組み合いになる)
はい、ストップ。わかった。ストップ。(二人の間に入って肩を持つ)
よくやめた。えらい! 今から話をするからな。
はい、そこ座りなさい。(二人を座らせる)
三つのエキスを入れました。三つ、何でしょうか。話し合ってください。
今の中に教育技術があります。どなたか?
参加者「最初に大きな声でやめさせました」
大きな声かどうかはわかりませんが、力強くやめさせました。
取っ組み合いの喧嘩をしているのに、(弱弱しく)「大丈夫?」「やめとこうね」と言っても、聞くわけがないじゃないですか。まず、止める時は大きい声を出してもいいです。

★ポイント★ 喧嘩を止める時は「力強い声」で止める。

二　触り方で怒っていないことを示す

二つ目は何でしょうか？

参加者「褒めました」

どうやって褒めました？

参加者「よくやめた。えらい！」

そう。褒めましたよね。そうすると、反抗できなくなる。もう一つ。

参加者「その場に座りなさいと、小さい声で指示しました」

いや、座らせる前に言いました。

立たせていても大丈夫です。私が座れば二人も座ります。

「ストップ、やめなさい。えらい。よくやめたな」と言って私が座ると威圧がなくなるでしょ。

威圧がなくなることを一つしました。何でしょう？

参加者「背中を触りました」

触りましたね。やめさせたい時に、こうやってやめさせるでしょ。

そうじゃなくて私は、手のひらで触りました。

そうですよね。Ｂさんも手の平で触りました。

この触り方で、別に先生は怒っていないよ、というのを示しているわけです。

やってみてください。人にやられると明らかにわかります。

今できなかったら、帰って家族でやってみてください。

演習やらないと意味がないので、もう一回そこまでやってみます。

そこまで、はいスタート。

A「お前がドッジボールでずるをしただろう！」

はい、ストップ。やめなさい！　はい。よくやめた、えらいぞ。

今から、話をするからな。

触り方、わかりますか？　自分の中に視点があったら見えるでしょう。

その場で、二人がいると思ってやってみてください。

用意、スタート。

（参加者、その場で演習）

もう一回、この二人のタイミングに合わせてやってみてください。

用意、スタート。

A「お前がドッジボールでずるをしただろ！」

ストップ。声が圧倒的に弱いです。

声色というのはメッセージですから。

それは、周りの子へのメッセージの意味もあるんです。

「やめなさい」と言うのと「やめろ！」と言うのは違います。

それを周りの子が聞くと、周りの子は騒ぎません。

周りの子の冷やかしもない。周りの子は安心する。

ああ、大丈夫なんだと思う。

それにも意味がある。

この子たちだけに言っていると変わりません。

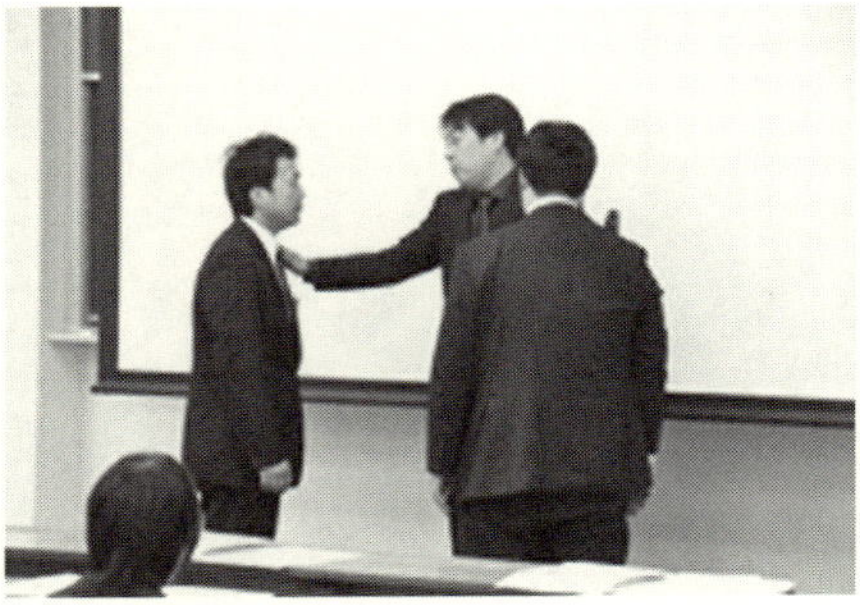

もう一回、スタート。

Ａ「お前がドッジボールでずるをしただろ！」

（参加者、その場で演習）

はいＯＫです。こういう状態になりますね。こうやって聞きます。

三　向かい合わない

この時の子どもたちの向きも大切です。この向きにすると、二人が向かい合ってないでしょう。向かい合っているとやりあいます。

このくらいになると、触れるし先生の方を向くでしょう。「大丈夫、大丈夫」と触れるじゃないですか。こういう位置にもっていきます。

★ポイント★　喧嘩を止めた瞬間に、やめたことを力強く褒める。

❸ 喧嘩のいきさつを聞く

一 どちらから聞くのか

では、次に子どもたちに喧嘩のいきさつを聞いていきます。

Aの子は固執がある子。Bの子の方が自分の非を認めやすいタイプということにします。

どちらから話を聞きますか？

Aだと思う人？（会場大半が手をあげる）Bだと思う人？

これは絶対にA（固執が強い方）です。こっちから聞かないと、Aさんは話している時に口を挟みます。絶対に口を挟ませてはいけないです。

これが大原則です。その時に趣意説明しておかないといけません。

Aさんがどういう状態になったら困りますか？「あいつが、悪いことしてきたんだよ」という声で余計興奮状態を作っていきますから、こちらを穏やかにさせたい。私はこういうふうに言います。

「あのね、よくやめたよ。何があったか先生知らないから説明して。いいか、説明だから先生が言っているくらいの声でいいんだぞ」

はい。じゃあ、言ってみて。

A「B君が、ぼくを……」

ストップ、ストップ、ストップ。

今の半分くらいの声で言ってみて。

Ａ「Ｂ君が」

そうそう。「今くらいの声で説明するんだよ」と言って形を作ってしまいます。

はい、言ってみて。

Ａ「Ｂ君がドッジボールをしていて」

Ａ君、言い方上手だぞ。今の調子で話してね。ちょっと待ってよ。

（Ｂに向いて）後で聞いてあげるからな。黙って聞いてね。

二　モデルにする

「よく黙って聞いているぞ。えらいぞ」

こうやってＢ君を褒めるのですが、本当はＢ君に言ってるのではなくて、誰に向かって言ってるのですか？

参加者「Ａ君」

そうです。Ｂ君の姿をモデルとしてＡ君に見せているのです。これが、とても大切です。

次に、Ｂ君に同じように喧嘩のいきさつを聞いていきます。

この時、絶対にＡ君に口を挟ませてはいけません。

なので、Ｂ君の話を聞きながらも、意識はＡ君の方に向けておくことが大切です。

★ポイント★

話を聞く順番は、非を認めにくい子から。

話す時の声の大きさをコントロールする。

聞いている子の様子を褒めて、その姿をモデルにする。

4 自分のしたことに点数をつけさせる

一 点数を聞く順番

ここから、三つ目のポイントに入っていきます。

自分で自分のしたことに点数をつけさせるのです。

では、やってみます。

じゃあ、自分のしたことを、10点満点で点数をつけてみようかな。

全部自分が、正しかったら10点。

全部自分が悪かったら0点。

半分ぐらいだったら5点。頭の中で考えて。言っちゃ駄目だよ。

はい、ここでどちらから聞きますか？　A？　B？

これは、当然Bから聞きます。なぜなら、Bの方が自分の点数を低く言う可能性が高いからです。ここでAに聞くと、「10点、俺悪くない！」という可能性があります。そうなったら、大変です。だから、B君から聞いていきます。

「B君何点？」

「5点」

「5点？　それじゃ5点分も反省したの？　えらいなあ。えらい。ビックリした、先生」

これは、誰に向かって言っていますか？

（参加者）「Aです」

そうです。ここでも、B君の行為をモデルにしてA君に見せているのです。

こうなると、A君は頭の中で点数を修正します。慣れてくるとその様子が手に取るようにわかってきます。

その後でA君に聞きます。

「A君は何点？」

「6点」

「ということは、A君は4点分は反省したんだな。えらいなあ」

★ポイント★
点数を聞くのは、非を認めやすい子から。
反省したことを褒めることで、相手のモデルにする。

じゃあ、今から自分の悪いとこだけ謝るからな。全部謝っちゃいけないぞ。何々してごめんなさい。そこだけ。相手がいいよって言うまでだよ。

はい、どっちから謝る？

（A君が手をあげる）

「よし、えらい。じゃあA君から。こういう時に、自分から謝れるのはえらい」

二　どれだけ謝るかの基準

相手の方を向いて、真剣な顔をして、相手がいいと言うまで一〇回でも二〇回でも謝る。

気をつけ。はい、どうぞ。

A「ゴリラ顔って言ってごめんなさい」

B「いいよ」

「いいの？　ほんとにいいのか。ほんとにいいの。許してあげるの？　やさしいなあ。B君、やさしいなあ」

これ、誰に言っていますか？

参加者「A君」

そうなんです。A君が今度は許す方になるので、モデルを見せているわけです。

じゃあ、今度はB君の番、はい。

B「ばかって言ってごめんなさい」

A「いいよ」

「いいのか？　怒ってないのか？　本当か。二人ともすごいね。こうやって、相手を許してあげられる子は先生、大好きだなあ」

まあ、大体こんな感じです。ここまでが、第三段階。

★ポイント★
どれだけ謝るかという基準を教える。
謝ろうとしたこと自体を褒める。

三　文句を言わせない

さあ、第四段階は何でしょう？

参加者「A君が謝ったことをもう一度評価する」

違います。それをしてもいいけどね。

参加者「今回のことは後から文句言わない」

そうです。「後から絶対に言ってはいけないよ。お互いにOKって言ったことを後になって、『あの時、こう言った』などと言ったら許さないよ。先生が許さないよ。それはルール違反だよ」ということを押さえます。

このことがとても大切です。これをやっておかないから、あの時もこうだったと問題を蒸し返して、トラブルが大きくなっていくのです。

★ポイント★　許したことは、後になって言わないことを確認する。

5 もう一歩の指導が学習効果を生む

一 他の子どもに語る

ここで、もう一歩突っ込んでみます。


先生、いま感動した。みんなちょっと聞いてください。

今ね。二人が取っ組み合いの喧嘩していたのを見ていた人？

見ていますよね。そうですよね。相手に殴ったりね、飛びかかったりするくらい腹が立っていたんだ。

そりゃしょうがない。喧嘩だから。

でも二人は、先生がちょっと話しただけでもう謝った。

二人はちゃんと自分で言って謝った。

先生、感動しました。

トラブルが起きるのは人間だから当たり前ですよ。

その時に、どうするかっていうのが、人間の真価が問われるんですよ。

成長したなあ、四年生になって。

A君もね、立派になったぞ。このような人たちが増えてほしいなと思っています。

今日、とってもいい一日だったなって思います。

じゃあ、自分の席に帰ってくださいね。

と言って帰らせるんですね。

一つの事例をみんなに伝えていますね。これが非常に大切なのです。

昨年まで、「俺は悪くない」と言って謝らなかった子が謝ったという事実は強いです。

そして、反省することが大切なんだというメッセージが子どもたちに届きます。

二　学習効果がある

この喧嘩両成敗の優れているところは、学習効果があるということです。

つまり、何度かやっていくうちに、今までのことを全てしなくても、途中を省いても謝れるようになるということです。

例えば、こんな感じです。

（喧嘩が起こる。）

はい、ストップストップ、ストップストップ。

このぐらいで、喧嘩がストップするようになります。

はいどっちから話をするかな。はいA君からな。小さい声でな。

「一輪車で……」

そう。「上手な声で説明できているね」というぐらいでいけるんです。

はい、10点満点で何点かな？

B「4点」

A「5点」

「えらいなあ。えらいなあ」

だんだんと、このぐらいでOKになってきます。

これが終わった後、今度は、「このあいだは一〇分だったけど、今日は五分で謝れたよ」というように、変化したことを言葉で伝えていく。

このようにやっていくと、最終的には次のようになります。

(喧嘩が起こる。)

はいストップストップ。はい、どっちから言う?

「一輪車乗っていたら、奪ってきた」

わかった、わかった。

(もう片方の子に)どうぞ。

「貸してくれなかった」

何点?

「5点」「4点」

はい、どっちから謝る?

「ごめんなさい」「ごめんなさい」

こんな感じになります。

喧嘩両成敗は、学習効果があるのです。

四年生くらいまでだったら、最終的にこうなることもあります。

(喧嘩が始まる。)

はいストップ、やめなさい。

二人とも、こっちに来なさい。

こちらに来る前に、お互いが「ごめんなさい」と言います。

これで、解決です。

「ちょっと待って、先生に話ぐらいさせてください」なんて言うと、

「もういいです！」

こんな感じです。今の今まで喧嘩していたのに、もう二人ともニコニコになっているんです。

だいたい三学期には、こういう状態になります。

なぜ、このようになるのでしょうか？

（参加者）謝った方が得をするから。

そうなんです。それがわかるから、子どもは謝るようになるのです。

自分がちゃんと謝ったら先生は認めてくれる。相手も許してくれる。そのことがわかるから素直になれるんです。

しかも、トラブルなのに最後は褒めてもらえるんです。

前も喧嘩して、次また喧嘩しているのに、「成長したなあ」と言われるんです。

だから、特に四月、五月の最初の時期というのは、子どもたちもまだ素直な状態なので、この喧嘩両成敗が入りやすいわけです。

そして、クラスの他の子どもたちにも伝えやすいわけです。

それをやっていくと、うまくいかなかった時、失敗した時にやり直せばいいんだ、ちゃんと素直に認めればいいんだという文化が、クラスの中にできた状態になっていきます。だから、最初の頃の喧嘩はチャンスなんです。

いちいち、「ああ、喧嘩が起こってしまった」と落ち込む必要はないんです。

これを指導のチャンスだととらえることで、ずいぶん教師の気持ちが楽になっていきます。

私は最初の喧嘩が起こった時に「ラッキー！」と思います。ああ、これでこの子への指導のチャンスができたと。そして、クラスにも教師のメッセージを伝えられると。

トラブルばかり起こす子を担任した時から、この喧嘩両成敗を意図的に学級経営に使っていくようになりました。

そのことで、学校中で有名なトラブルばかり起こしていた子が次々と変容していきました。みなさんも、ぜひ使ってみてください。


以上は、実際の講座のテープ起こしである。読んでみると、一つ一つの手順には、意味があることが、分かるだろう。

この研修は、ぜひ、校内で取り組んでいただきたい。その際、どのような「表情」「声の大きさ、トーン」で行うのかも考えることが大切である。繰り返しになるが、知っていることとできることは大きく違う。実際にやってみるからこそできるようになっていく。

第5章

特別支援の子どもをいじめの被害者にも加害者にもしないための方策

1 いじめにつながる交換ノートをどう禁止するか

一 どうやって禁止するか

「交換ノートをしたい」と子どもが言ってきても、当然許可してはいけない。交換ノートは、他人に見せられない内容を書く。

では、他人に見せられない内容とはどんなことだろうか。

最初は、マンガやテレビのこと、アイドルのことかもしれない。それが、そのうち、必ず次のような内容へと変化していく。

友達の悪口、陰口。

いったん陰口が書かれると、内容はだんだんとエスカレートしていく。収まることは、まずない。いけないなと思っても、自分たちで止めることができなくなるのである。

そして、最終的には「いじめ」につながっていく。

これが、交換ノートの行き着くところである。

禁止する時に、どのような言い方をするかというのは大切である。言い方次第で、子どもたちは納得もするし、逆に反感をもつこともある。

大切なのは、

子どもたちに納得させる。

ということである。

子どもたちが納得するような禁止の仕方を、いくつか紹介していくことにする。

二　お勉強に関係ないものは持ってきません

一番、スタンダードな方法は、「お勉強に関係ないものは持ってきません」と言うことである。

これは、四月の最初に、子どもたちに宣言しておくことが大切である。そうすれば、何にだって使える。

筆箱やかばんに、じゃらじゃら付けるキーホルダー。

カードゲームのようなもの。

こういったものは、全て勉強とは関係ないものばかりである。

こういうものを子どもたちが持ってきた時が、指導のチャンスである。

それは、お勉強に関係あるものですか。

と聞いて、子どもたちに答えさせる。

これがポイントである。

よいかどうかを子どもたちに判断させる。

いったん自分で言ったことは、守るしかない。

そのようなことを何度か繰り返していれば、「交換ノートを持ってきていいですか」と聞かれた時も、同じ質問をするだけで、禁止ができる。

三　全員に見せてもいいですか

中には、「どうしてもしたい」と言い張る子がいる。このような子には、次のように話すことも可能である。

交換日記は、人の悪口を書くようになるからダメです。

言ってきた子は、必ず、「絶対、悪口なんかは書かない」と言うだろう。

そこで、このように言う。

では、人に見られても大丈夫な内容なのですね。

喜んで、「そうです」と言うだろう。

その言葉を使って、次のように言う。

わかりました。でも、こそこそするのは、いいことではありませんね。人に見られてもよい内容だそうなので、クラスの全員がそれを見てもよいことにしましょう。それでいいですね。


こう言われると、何も言えなくなる。

「ちょっとぐらい、いいだろう」と思っていると、大変なことになることが多い。

交換ノートがきっかけでおきた「いじめ」は、数え切れないぐらいある。

想像してもらいたい。自分の悪口が書かれたノートを見た時の心境を。こんなに残酷なことはない。

こうなってしまったら、もう修復は不可能である。

2 保護者の信頼を得るいじめの対応

一 学級通信を利用して、保護者の世論を高める

子どもたちと出会った最初の日、私は次のことを必ず話すようにしている。

【先生が叱る三つのこと】
1 命にかかわるような行動をした時
2 いじめや差別
3 同じことを二度、三度と注意されても、直そうという態度が見られない時

このような時には、先生は本気で怒りますと子どもたちに宣言するのである。

そして、このことを学級通信でも紹介する。これで、担任の基本スタンスを保護者にも知ってもらうことになる。

初日に宣言したことを伝えただけでは、保護者の意識は高まらない。具体的な内容を示すことが大切である。

私は、授業で行った内容を、通信でそのまま紹介するようにしている。

これは、授業の紹介という意味だけではない。保護者へのメッセージでもある。いじめの授業について書いた学級通信を紹介する。授業は、向山洋一氏の追試である。

いじめは脳を攻撃する

▼道徳の時間、『わたしのいもうと』（松谷みよ子作、偕成社）という絵本を読みました。

いじめられた女の子が、最後には亡くなってしまうという悲しいお話です。このお話は実話を元にしています。実に悲しいことです。

▼ここで、いじめとはどういうことなのか、脳科学の点から考えてみることにしました。

脳というのは、大きく分けると三つの部分に分かれるそうです。

一つ目は、「ヘビの脳」と呼ばれる部分です。この脳は、生命を司る脳です。例えば、食欲・睡眠・排泄などの機能を動かしています。この脳は爬虫類にもあることから、ヘビの脳と呼ばれています。

▼二つ目は、「ネコの脳」と呼ばれている部分です。この脳は、感情を司ります。笑ったり悲しんだり、そういう感情はほ乳類にもあります。だから、ネコの脳と呼ばれています。

▼そして、第三の脳は、「ヒトの脳」と呼ばれています。この脳は、言語などの知識を司ります。

生まれた時は、何も働いていません。ゼロです。それが学習によって、だんだんと増えていきます。これは、人間だけが持っている脳なので、ヒトの脳と呼ばれています。

▼さて、いじめの話に戻ります。いじめをしているということは、実はこの中のある部分を攻撃していることになるそうです。子どもたちに、どの脳なのか予想してもらいました。

ヘビの脳……一人　ネコの脳……二〇人　ヒトの脳……一〇人　このような結果になりました。理由も発表してもらいました。

▼実は、いじめを受けると、「ヘビの脳」が攻撃されるのだそうです。

辛いことがあると、眠れなくなったり、食欲がなくなったりするものです。つまり、こういうことが言えます。

いじめは、相手の生きる力を奪っている。子どもたちにも、この事実は衝撃だったようです。いじめはいけないということは、子どもたちもみんなわかっています。しかし、改めてこのようなことを知って、その思いはますます強くなったようです。

教師、子ども、保護者のみなさんで協力して、いじめのないクラスにしていきましょう。

二　保護者を安心させる、いじめがあった時の連絡の仕方

> **A　学校全体で対処する。**
> **B　一刻も早く保護者に連絡する。**

この二つは、保護者を安心させるために絶対に必要な条件である。

A　学校全体で対処する

向山洋一氏は、いじめには学校をあげて組織で対処することの重要性を述べている。

いじめの事実を、担任だけが抱えていてはいけない。学年内だけでもいけない。保護者の立場に立って考えてみればわかる。

個人ではなく、学校全体で取り組むからこそ、安心することができるのである。保護者には、「事実」と「学校としての今後の取り組み」を伝えるようにする。

担任個人の意見ではなく、学校全体の取り組みを示すことが大切である。

学校の取り組みとは、例えば次のような内容を指す。

（例）

①その日のうちに、管理職、担当者、該当学年が集まり、会議をもつ。
②その日のうちに、保護者に連絡（いじめをした方、された方の両方）。
③その日のうちに、子どもに指導。
④その日あるいは翌日に、緊急会議を開き、職員全員に周知徹底する。
⑤各クラスでいじめに関する話、授業を行う。
⑥いじめが解決したとわかるまで、担当者を置く（担任以外）。

このように、いじめが発覚した日からの、学校としての具体的な取り組みを決める。そして、それを保護者に伝えるのである。謝罪だけでは、保護者の不安はぬぐい去れない。また、「様子をみましょう」などという曖昧な対応では、不信感を生むだけである。

このようなことが学校全体でできるということは、次のことを意味している。

学校全体としての、いじめが起こった時のシステムがある。

このようなシステムがあるからこそ、個人ではなく学校全体で対応でき、しかも迅速に対応することができるのである。個人での対応は、トラブルの元である。絶対に避けなければならない。

B　一刻も早く保護者に連絡する

いじめが発覚したにもかかわらず次の日になっても連絡がないのでは、普段いくら信頼がある教師でも、保護者からの信頼はなくなってしまう。さらに、保護者との関係はこじれてしまうだろう。

保護者への連絡は、必ずいじめがわかったその日のうちにしなければならない。

最初の連絡方法は電話で構わないが、できればその後で、実際に家庭に足を運んで話をするようにしたい。

その時も、担任一人ではなく学年主任や生徒指導と一緒に行くなど、複数で対応するのが望ましい。そのことで、学校側が本気で解決に向けて取り組んでいることが保護者にも伝わる。

また、連絡をした後の対応も大切になってくる。

いじめが解決したと判断できるまでは、毎日、家庭に連絡をするようにする。

その際、学校での取り組みだけでなく、家庭での子どもの様子も聞くようにする。解決に向けて保護者の協力も得るようにするのである。

さて、いじめが無事解決し、そのことを保護者も認めたとする。そこから、さらに一手をうつ。

その後の子どもの様子はどうか、定期的に家庭に連絡するのである。

この方法は大森修氏から学んだ。例えば、

解決した一週間後、一か月後、三か月後に連絡をして様子を聞く。

のである。このような対応をすれば、保護者はここまで対応してくれるのかと信頼を寄せてくれるという。

いじめの連絡の仕方次第で、保護者の信頼度は大きく変わってくる。

三　保護者会でいじめの話をする

いじめはどこでも起こることを話す。

いじめの報道が増えたことで、保護者の中には、最近になっていじめが急激に増えたように錯覚している人が多くいる。教師ならそのことが間違いであることはわかるだろう。いじめは以前からあったし、どこの学校でもどのクラスでも起こりうるものである。しかし、保護者には、学校での様子はあまり伝わっていないものである。

だからこそ、いじめはどこででも起こることを伝えることは大切だ。それは、学校だけにはとどまらない。登下校や遊びの中、習い事でも起こるものである。そのことを前提にした上で、家庭での協力を呼びかけるようにする。

私は、次のように話すことが多い。

学校と家庭で協力して解決していくことが必要なのです。ぜひ、ご協力をお願いいたします。いじめ発見の方法を共有化しましょう。

いじめを早期発見することの重要性を述べた。しかし、それだけでは充分ではない。具体的な発見の方法を紹介する。中学年ぐらいからは、だんだんと教師や家族に自分がいじめられていることを話さなくなる。だからこそ、発見の方法を知らせることが大切なのである。

まず、学校での発見方法について紹介する。「席替えの時にちょっと机を離す」「体育の二人組を作る時、近くの子が他の子とペアを組もうとする」「一人ぼっちになりやすい」などの様子から判断できる。

次に、家庭での発見方法について話していく。

この時、保護者にもどんな発見方法があるかを考えてもらうといいだろう。

その上で、家庭で発見するポイントを紹介する。ポイントは、次の点である。

普段と違う時に注意する。

「元気がない」「食欲がない」のはもちろんだが、例えば「筆箱の中身が変わっている」なども何かのサインを表していることが多い。持ち物の変化は、いじめとは限らないが、何かのサインであることが多い。

このように、普段と違う時には、注意しておくことが望ましい。そして、早めに情報交換をすること。それが仮に何もなかったとしても、それはそれでいいことである。保護者と連携を測れるよい機会になる。

いじめを家庭で発見するポイントには、こんなに細かな「サイン」もある。

❸ トラブルをいじめにつなげないためのもう一歩の詰め

一　担任に任せっきりにした結末

かつて、高学年女子の間で、深刻ないじめがあった。そして、いじめが発覚してからも、なかなか解決しなかった。

解決が長びけば、二次的、三次的な問題が発生する。案の定、子どもたちの関係はこじれにこじれた。こうなると、当然クラスの雰囲気も悪くなる。そして、全体が崩れてくる。

さらに、そのうち保護者も巻き込んでの問題へと発展した。結局、卒業しても修復は不可能だった。

どうして、ここまでこじれたのだろうか。

原因は、次のことに他ならない。

いじめが発生した時の学校としてのシステムが、全くなかった。

担任は、いじめが発覚してすぐに、全体の場でその報告をした。しかし、その後の具体的な方策は全くと言っていいほど何もなかった。学校としての対応は何もないのである。

「大変だね」といった感想だけで、結局は担任任せであった。

担任だけの力では、がんばってもどうにもならないことがある。

特に、この時は、いじめが問題になっていた。しかも、それがこじれて、保護者同士のトラブルにまで発展している。

しかも、クラスの雰囲気も悪い。

これでは、担任がいくら働きかけても、どうしようもない。このままこの状態が進めば、結局は、「担任が悪い」と非難されることは目に見えている。

担任教師はそれでもがんばった。その姿を見かねた同僚が、管理職に間に入ってもらうよう勧めた。そして、担任は管理職に相談した。

しかし、管理職は何も動こうとしなかった。あからさまに面倒くさそうな表情を浮かべ、しっかりやってくれと言わんばかりだった。そして、担任は孤立した。

同僚はその教師を励まし続けたが、それで解決するほど問題はやさしくなかった。結局、最後まで事態が解決することはなかった。

二　仕組みがなければ解決できない

校長の口癖は、こうだった。

一人で対応したらいけない。必ず相談をすること。全員で問題にあたることが大切だ。

スローガンでは何も動かないことを学んだ。そして、「がんばろう」といった励ましの言葉だけでは、何の役にも立たないことを学んだ。いじめがあったらどうするのか。誰が、いつまでに何をするのか。そのような仕組み、学校としてのシステムこそが必要である。それ以外に、このような問題に対しての解決の方法はない。

三　すぐに口を挟む子をなんとかしたい

①一度にたくさんの指示を出してはいけない

教科書の二三ページをあけて、三番の問題をやりなさい。

このように指示を出すと、必ずと言っていいほど、「先生どこやるの？」と聞き返す子がいる。これは、子どもが悪いのではなく、教師の指示が悪いのである。

教室の中に一〇パーセント近くいると言われている発達障害の子は、一度に多くの指示を理解することができない。

人間が何かを行う時に、脳の中に一時的に留めておく記憶を「ワーキングメモリー」という。そのワーキングメモリーが、発達障害の子は一度に一つか二つしか入らないのである。だから、今言ったことを聞き返すのである。決してふざけているのではない。

先ほどの指示は、一度にいくつのことを言っているのだろうか。数えてみよう。

①教科書を出す（教科書を開く）。
②ページをあける（二三ページを探す）。
③三番の問題をする。

一度に三つの指示をしていることになる。これではできるわけがない。

では、このような時、どうすればいいのだろうか？

簡単である。もう一度わからないところを言ってあげればいいのである。教師に聞き返すということは、やる気のある証拠である。もう一度教えてあげれば、みなと同じようにきちんと取り組むことができる。

それを多くの教師は、次のように言う。

今、言ったでしょう。ちゃんと聞いてなさい。

ひどい時には、「この前もそうだったでしょう」などと、以前のことを出して叱責をする。教師の指示が悪いから、がんばってもできないのである。それなのに、このような叱責を続けていけば、子どもはだんだんと反抗するようになる。

これが、「反抗挑戦性障害」である。教師や学校のせいで、二次障害が生まれるのである。こうなったら大変である。目がつり上がり、大声を出してわめきちらしたり、教師に暴言を吐いたりと、通常の学校生活を送るのは難しくなる。教師の対応が、その子の一生を台無しにしてしまうことがあるのだ。

一度にたくさんのことを指示するのは、障害のある子だけでなく、他の子にとっても理解するのは難しい。

指示を出す時の原則は、こうである。

指示は短く。一時に一事で行う。
指示、確認を小刻みに繰り返す。

②大事な指示は何度か繰り返す

ワーキングメモリーの力が低い子は、一度の指示では理解できない可能性がある。だから、大事なことは、何度か繰り返すといい。平山諭氏は、三度繰り返すといいと主張している。例えば、次のように行う。

ミニ定規を使って、丁寧に書きます。
ミニ定規を使います。
ミニ定規ですよ。

このように、繰り返すのである。

繰り返す時は、同じ言葉を全部繰り返さなくてもよい。大事なこと、大事な部分だけを強調するから、印象に残る。

先ほどのような短い指示なら、全部を繰り返してもいいだろう。

しかし、長い指示などは、そのまま繰り返すのはよくない。わかる子にとっては面倒に感じるし、わからない子にとっては、長すぎて結局わからない事態に陥るからである。

大事なことが強調されるような指示の出し方をすれば、混乱は少ない。

③質問は、最後にまとめて受けつける

教師が説明をしていると、すぐに口を挟んでくる子がいる。ＡＤＨＤの子などは、反射的に口から出ていることが多い。

そのような子どもを見ると、「これから話すのにいちいちうるさいなあ」などと思ってしまうだろう。

でも、よく考えてみると、これは当たり前のことである。

教師は全体の話の内容を知っているが、子どもは知らないのである。だから、その都度、興味があることに反応するのである。今、聞いておかないといけないと思うのである。

この時、絶対にしてはいけないことがある。

子どもの質問に、いちいち対応すること。

子どもの質問にいちいち対応していると、話がたびたび中断する。そうなると、教室はざわついていくし、話の本筋がずれていってしまう。

例えば、このような場面をよく見かける。遠足の説明をしている時を例にあげる。

「え〜、帰りのバスもダメなの？」

このように、次々と話が脱線していく。だから、伝えようと思っていたことが伝えられない。

それどころか、こうなると、大切な指示も入らないと思った方がよい。

説明をする時の鉄則は、途中で子どもに口を挟ませないということである。それでも、口を挟んでくる時には、「質問は最後にまとめて聞きます」と言うようにする。

このようにしておいて、最後に「質問はありませんか？」と聞いてみるとよい。

説明の時に、口を挟んでいた子の多くが、質問をしなくなるはずである。それは、つまり、教師の説明の中に自分の知りたかったことがあったということである。

最後に質問をすればいいことを体験すると、途中で口を挟むことがぐっと減ってくる。

④授業中にあててほしいと騒ぐ子

授業中に、いつもあててほしいと張り切って手をあげる子がいる。やる気があってとてもいいことなのだが、だからといっていつもこういう状況では、授業は進んでいかない。また、他の子どもたちにも不満が出る。

しかし、叱るのはおかしい。

こういう時には、やさしく指摘して、正しい行動に変えていくようにする。

例えば、このように言うとよい。(1)〜(3)は順番に言うのではなく、その都度、状況を見てどれかを使っていく。

> (1)黙って手をあげている人に言います。
> (2)あてられなくても、ちゃんと我慢できる人はえらいなあ。
> (3)友達の意見をしっかり聞いている人にあてます。

四　授業中に喧嘩が起きてしまう

①喧嘩が起きにくい授業の進め方にする

授業中になぜ喧嘩が起きるのか？　それは、空白の時間ができているからである。子どもたちは、何もしない、何も考えない時間があると、必ずと言っていいほど騒ぎ出す。だから、何をしていいのかわからない時間をなくすようにしなくてはいけない。

発問―指示―作業―確認・評価

このような繰り返しで授業を行っていくのである。トラブルの多いクラスは、決まって空白の時間が多い。例えば、丸付けの時、教師の前にずらっと列ができていないだろうか？　列ができると、必ず子どもたちは騒ぎ出す。そして、このような状態になると、喧嘩などのトラブルになることが多くなる。

なぜこのようになるかというと、ならんでいる間は何もすることがない空白の時間だからだ。

どのような時でも、列を作ってはいけない。丸付けで列ができそうな時には、「この列だけ持ってきなさい」とか、「男子から持ってきなさい」などと、見る子どもを制限する方法をとるとよい。

また、算数で練習問題を行う時など、五問あれば三問目だけ見るようにする。そうすれば、一人を見るのに数秒ですむ。よって、列は生まれない。他の問題は、後から黒板をつかって一斉に答え合わせをすればよい。

このような授業の一つ一つのシステムが、トラブルをなくしていくのである。

②授業中のトラブル処理でやってはいけないこと

それでも授業中にトラブルが起こってしまったら、やはりそのトラブルを処理しなくてはいけない。具体的には、その子どもたちを呼んで話をすることになる。

この時、絶対にしてはいけないことがある。

トラブルになった子どもたちに真っ先に対応する。

トラブルは早く処理した方がよい。しかし、だからといって、トラブルを起こした子どもたちに真っ先に対応するのは絶対にやってはいけない。

なぜなら、他の周りの子どもたちに空白の時間が生まれるからである。

空白の時間が生まれると、先ほど述べたように子どもたちは騒ぎ出す。そして、何度もこのようなことがあると、収拾のつかない騒乱状態になっていく。こうなると、もう学級崩壊へまっしぐらとなる。

発達障害の子がトラブルを何度も起こし、クラスが崩壊するというのは、実はこのメカニズムで起こるのである。決して、発達障害の子が騒いだことが、直接の原因なのではない。

問題の中心は、周りの子どもたちなのである。

だから、トラブルが起こった時に優先すべきは、個でなくて全体なのである。

例えば、このように行う。

> **○○くんたちと話をします。みなさんはその間、スキルの三番をやっていてください。**

つまり、周りの子に何か課題を与えてから、トラブル解決のための話し合いを始めればよい。

しかし、これだと周りの子が納得しないのではという意見もあるかもしれない。

そうならないために、例えば、「課題をきちんとやっている子を褒める」「そこで行う課題は今日の宿題にする」などの対応を考えればいいのだ。

③喧嘩の上手な解決方法

喧嘩がなぜ起きるのか？　それは、お互いに納得していない言い分があるからだ。つまり、どちらかが一方的に悪いということはない。

ここで、やってはいけないことは、次のことである。

教師が、片方の子を悪いと決めつける。

お互いに言い分があるのだから、教師が決めつけるとそれに対して反抗するようになる。

喧嘩の裁き方の基本は、喧嘩両成敗である。

私は、向山式喧嘩両成敗で喧嘩に対処している。詳しくは、本書4章に詳述した通りである。

④発達障害の子への喧嘩の対処法

発達障害の子の中には、こだわりが非常に強い子がいる。そして、そういう子の多くは、喧嘩になってうまく仲直りできたという経験がほとんどない子がいる。

だから、見通しがもてない。見通しがもてない子に共通することがある。

自分の非を認めることができない。そして。謝れない。

自分の非を認めるということは、「自分の方が悪い」ということになる。自分が悪くなると叱られる。だから、認めないし謝らない。このような悪循環になっていくのである。これを解消するには、「謝ってよかった」という体験をさせるしかない。

しかし、そうは言ってもそのことは非常に難しい。ポイントは、褒めながら喧嘩両成敗を行うということである。

五　ぼ〜っとする子をどうやって集中させるか

①作業を取り入れ、脳を活性化する

教室の中には、いつもぼ〜っとしてる子がいる。なぜ、いつもいつもぼ〜っとしているのか？

その一つの原因として、脳の中のある物質が考えられる。

ドーパミン。

このドーパミンは、簡単に言うと「元気・やる気の素」である。このドーパミンが脳内に充分あれば、ぼ〜っとすることはなくなっていく。つまり、ドーパミンがたくさん出るような仕掛けをしていけばいいということになる。

では、どうすれば、脳内にドーパミンが放出されるのか。

作業をしたり、運動をしたりすること。

ＡＤＨＤの子がいつも動いているのは、このドーパミン不足が原因である。彼らは動きたくて動いている

ＡＤＨＤの子がいつも動いているのは、
脳がドーパミンを求めているから。

のではなく、脳がドーパミンを欲しているから動いているのである。

だから、多動の子やぼ～っとしている子に怒っても効果はないのである。授業の中に、作業や運動を取り入れていけばいいのである。

例えば、次のような方法がある。

全員、起立。自分の意見を書き始めたら座りなさい。

立ったり座ったりすることで、脳が活性化される。他にもこのような方法がある。

手をあげる。
立って意見を言う。
黒板に自分の意見を書きにいく。
できたら、ノートを教師のところに持っていく。
机を班の形にして、相談する。
友達のノートや考えを見て回る。

このような脳が活性化する作業や動きを授業の中に入れていくと、ぼ～っとする子も集中ができる。

②授業の最初を工夫する

ぼ～っとする子への対応は、授業の最初をどうするかが大切である。まず、興味がもてないことには、集中しづらい。一番いけないのは、授業初めの「気をつけ礼」である。

ぼ～っとしている子は、どうしてもできないことが多く、やり直しをさせられたり叱られたりすることが増える。こうなると、授業がいつもマイナスからのスタートとなるので、その後も興味がもてずにぼ～っとする可能性が大きい。だから、いきなり授業を始めるようにする。

「百玉そろばん」のような視覚・聴覚からの刺激があるもの。フラッシュカードのようにみんなが声を出すもの。これらは脳が活性化されて集中できる。

先生問題などから入ってもよい。そういう時は、簡単な問題でよい。次々にテンポよく出して褒める。また、ノートに書いて持ってこさせる時もある。とにかく、脳が授業の最初から活性化するような手立てが必要である。

また、授業の最初にやることを決めておく方法も効果的である。

例えば、国語であれば漢字スキルから始める。やることがわかっていれば、見通しがもてるので取り組みやすい。そして、自分から取り組んでいれば褒めることもできる。

チャイムがなって、自分で漢字スキルを始めた人？　すごいなあ。

このように、授業の最初を褒めて始めることで、自分から取り組むようになっていく。

また、社会の時間であれば、地図帳を使った「地名探し」が効果的だ。地名探しのやり方は、たくさんある。

例えば、地図帳の特定のページ（例えば関東地方）を決めておき、その中の地名を言う。「東京都、武蔵野市」などというようにである。見つけた子は、その地名に赤鉛筆で印をつける。

一番早く見つけた子が次の地名を選ぶようにしておくと、さらに熱中するだろう。

授業の最初に三問程度出すようにするだけで、子どもたちは地名探しがあっという間に得意になる。上達すれば、地図帳全体から問題を出してもいい。

このような地名探しを授業の最初に行うと、子どもたちの様子が次のように変化する。

社会の時間の前の休み時間に、友達同士で地名探しの問題を出し合っている。

こうなればしめたもので、授業の開始と同時に授業に熱中するようになる。

③パーツで授業を組み立てる

人間、集中できる時間は決まっている。特に、ぼ〜っとするような子は、その時間が短い。だから、集中力が続くように、短い時間の活動を次々と組み合わせていけばいいのである。

国語であれば、漢字スキル五分、辞書引き五分、音読五分のように、五分から一〇分程度のパーツを組み合わせていくようにする。

これは、算数や体育などの他の強化でも有効である。

子どもは変化が好きである。変化があれば集中できるし、興味も持続する。授業をパーツで組み立てることを意識するようになってから、ぼ〜っとする子が驚くほど集中できるようになった。

六　殴る、蹴るのは、怒った時にどうするかという選択肢がないからである

広汎性発達障害の東君の引き継ぎの際、次のような内容があげられた。

東君は、怒るとすぐに相手を殴る。


実際に、トラブルが起こった時、東君は相手を殴っていた。

喧嘩両成敗でお互いを納得させ、トラブルは解決した。その際、私は東君に次のように指導していた。

「怒った時、相手を殴ってはいけません。絶対に、殴ってはいけないのです」

東君は、「うん」と頷いた。この時は、これでいいと思っていた。

しかし、次のトラブルの時にも東君は同じように暴力をふるった。相手をリコーダーでたたいた。この時はまだ、この行為の意味がわからなかった。「この間、注意したのに」と思いながら、「リコーダーでたたいてはいけません」と指導をした。

次のトラブルで、東君がどのような行動をとったか想像できるだろうか？

東君がとった行動はこうだった。


相手を蹴った。

この一連の行動を見ていると、東君の行動パターンがわかってくる。

【行動】		【指導】
①「殴る」	↓	「殴ってはいけません」
②「リコーダーでたたく」	↓	「リコーダーでたたいてはいけません」
③「蹴る」	↓	「蹴ってはいけません」

東君は、①→②で、確かに殴っていない。②→③でもそうだ。つまり、東君の行動パターンはこうだ。

①～③は全て、怒った時、どうするかという東君の中の選択肢である。

このことをはっきりと理解したのは、次の時だった。

「暴力をふるってはいけません。たたいたり、蹴ったり、何かで殴ったりするのは全部暴力です」という指導の後、東君がとった行動である。

相手に向かって、つばをはいた。

私は、この時に、一連の東君の行動の意味が初めてわかった。東君には、怒った時どうするのがいいかという望ましい選択肢がなかった。

七　その時の望ましい選択肢を教え込む

禁止をすれば、別の行動を選択するしかない。しかも、その他の残った選択肢がいいことは、ほとんどない。だから、正しい行動を教え込まなければならない。

例えば、次のような指導が考えられる。

①嫌なことがあったら、「嫌だ」「やめて」と言う。
②それでもダメだったら、その場から離れて、違う場所に行く。
③先生がいる時は、先生のところに相談に来る。禁止だけでなく、このような具体的な行動を示さなくてはいけないのである。

しかし、これではまだ不充分である。多くの教師がここで終わっている。これだけでは教えているだけで、教え込んだことにはならない。教え込むとは、次のような行為まで含む。

①教師のところに相談に来たことを、強く強く褒める。
②相談した今回と、以前の時とどちらがよかったか考えさせる。
③次も相談できるよと励ます。

このようなことを繰り返すことなしに、行動が選択肢の中に定着することはない。褒めて、望ましい行動を強化する。このことをいつも忘れてはいけないのである。東君の行動の意味がわかってからは、いろいろなことが見えてきた。

最初の引き継ぎで、「すぐに殴る」と聞いていたが、実際にはそうではなかった。殴る前に、東君は「ん～」と言いながらしばらく固まっていたのだ。蹴る前もそうだった。リコーダーでたたく前もそうだった。その時、東君は、どうしようかと考えていたのである。決して、反射的に手が出ていたわけではなかった。

東君の行動には、全て意味があった。行為を禁止し叱責することは、東君にとっては全く意味のないことだった。正しい行動を教え込むことで、東君の乱暴は驚くほど減っていった。

4 力のある資料でいじめの芽を摘む授業をする

一　参観日に授業をする

高学年のクラスであれば、必ずと言ってよいほど、今までに「いじめ」を経験しているだろう。

子どもたちは、いじめは悪いことだと知っている。しかし、知っていてもなかなかやめることができないのである。

そのような中、いじめをなくすきっかけになるような授業を開発したいと思っていた。

そこで、子どもたちの心が揺さぶられるような力のある資料を使い、授業を組み立てた。

二　いじめを受けている子どもたち

「あなたの夢や願いは何ですか？」

子どもたちに、「自分の夢」や「今の願い」について発表してもらう。

「プロサッカー選手になりたい」「水泳で選手コースに進みたい」などといった意見が次々と出されるだろう。

みなさんと同じぐらいの子どもたちの願いを紹介します。

「遠くへ行きたい」「逃げ出したい」「そんなものはない」「死にたい」

どんな子どもたちだと思いますか。


いじめを受けている子どもたちである。そして、次のデータを紹介する。

■小学校　九一一四件
■中学校　一万九三七一件（平成一二年）

約三万人の子どもたちが、いじめを受けている。さらに、次のように聞く。

①実際のいじめは、三万件ですか。
（これより多いはずである。ここで、自分たちのことを振り返らせる。見つからないいじめはたくさんある。）
②いじめを生み出したのは、どこですか。
（学校であり、教室である。）

三　いじめの作文

ここで、いじめの作文を読む。

①中一　女の子【顔のニキビを、「気持ち悪い、ムカツク」と言われ続けた。親友だと思っていた友達も助けてくれなかった。もう誰も信じられない。】

②一三歳　女の子【私はいつも独りぼっちだった。さびしくてしょうがなかった。私が生きている意味はあるのだろうか。】

③小六　女の子【みんな、私のことを嫌っていた。汚いと私を避け、いつもじゃまものあつかいをされていた。生きているのが苦しかった。いつも死にたいと思っていた。私にとって、学校とは、クラスとは地獄だった。】

「この子たちに足りないものは何か」と聞くと、「クラスや友達の支え」という意見が返ってくるだろう。

四　ある女の子の夢

> **今度は、別の女の子の夢です。**
> **「奈良の大仏を見にいきたい」「みんなと修学旅行に行きたい」「一緒に卒業したい」**
> **どんな子だと思いますか。**

「この子の夢は叶えられそうにありませんでした。

実は、この子は「骨肉腫」という病気にかかってしまったのです。骨肉腫とは骨のガンです。病気が進行すると命がなくなってしまうこともあります。

この子のお父さんは学校にやってきて、こう言いました。

『あの子は、もうダメかもしれません』
それほど、彼女の病気はひどい状態だったのです」

五　クラスの子どもたちの取り組み

クラスの子どもたちは、彼女の奇跡を心から願っていました。
①彼女に元気を出してもらおうと、毎日、手紙を送りました。
②彼女が大好きだった花束も贈りました。
③病気がよくなるようにと願いをこめて、千羽鶴をおりました。
④彼女の手術の日には、学年全員が体育館に集まって、手術の成功を祈ってエールを送りました。

クラスの友達の取り組みを紹介し、彼女の夢が叶ったかどうかを予想させる。

六　生き甲斐をもてば生きる力がわいてくる

ある医師のことを紹介する。

「岡山県の倉敷市に、伊丹仁朗さんというお医者さんがいます。
伊丹さんは、生き甲斐療法を勧めています」

人間は、目標があったり、誰かに必要とされていたりすると、生きる力がわいてくるというのです。

伊丹さんは、実際に末期ガンの患者をつれて、モンブランの登頂にも成功しています。
■すばるクリニックHP（http://www.subaru-clinic.jp）
先ほどの女の子も、一年間の闘病生活の末、奇跡的に退院することができました。

それは、入院先のお医者さんもびっくりするほどの回復ぶりだったそうです。

では、彼女に奇跡を起こさせたのは、何の力だったのでしょうか。


「友達の力」「生きようとする女の子の力」「周りの人のはげまし」などの意見が出された。

七　退院の時に書いた女の子の作文

退院の時に書いた、女の子の作文を紹介する。


毎日が検査の連続、そして苦しい治療。自分がいったいどうなるのか不安な毎日でした。そんな中、友達からもらった手紙やお花。どれだけうれしかったことか。励まされたことか。

そして、一か月に一度、クラスの友達の手紙を持ってお見舞いに来てくれた先生。私の自慢です。

たくさんの人にありがとうを言いたいけど、もう胸がいっぱいでこれ以上書くことができません。これから私は、私の帰りを手を広げて待っていてくれる先生やクラスのみんなの所に帰ります。

みなさん本当に本当にありがとう。


奇跡を生んだのは何かを考えさせる。

子どもたちからは、「周りの支え」「友達の力」「戻りたいという強い願い」などが出された。

最後に子どもたちに語りかける。


このクラスから、「いじめ」も「奇跡」も生み出せるのです。

みなさんはどちらのクラスを創りたいですか（挙手をさせる）。

いじめのない、奇跡だって生み出せる、そんなクラスにしていきましょう。


同じ学校やクラスから、「いじめ」だって「奇跡」だって起こすことができる。そして、それを生み出すのは、自分たちの力なのだ。

このメッセージが、力のある資料によって子どもたちに伝わるだろう。

5 教師の態度は、子どもが真似をする

一　特別支援教育の原点

特別支援教育を進めていく上で、いつも私の頭の中から離れない向山氏の言葉がある。
向山氏が同僚の藤野氏から学んだ「教師として、子どもを大切にしているかどうか」という指標である。

人に嫌われている子が教師の膝の上にのっているか。

これが、「自分はできる」と自信をもって言えるだろうか。先ほどの指標には、次の言葉がある。

人に嫌われている子。

人に嫌われている子というのは、どのような子だろうか。
例えば、いつも服が汚れていたりして、周りから汚いと言われているような子。
例えば、人の悪口ばかりを言うようなひねくれた子。
また、暴れん坊で友達をいつも傷つけて、周りから敬遠されているような子。向山氏の学級通信『スナイパー』に出てくる吉岡さんも、そのような子だった。発達障害の子の多くもそうである。そういった子たちが、教師の膝の上にのるには、どのような条件が必要なのだろうか。

それを考えることが、私の特別支援教育の原点だった。

二　膝の上にのるための条件

そういった子どもたちが、教師の膝の上にのるには、少なくとも次の四つのことが必要である。

①自分への愛情を感じること

今まで、何度も裏切られてきたはずだ。心から自分への愛情を感じることなしには、あり得ない。

②教師への信頼感

たとえ悪いことをしたとしても、自分の存在を丸ごと受け入れてくれるという信頼感が必要だ。

③周りの子への信頼

人から嫌われるような子が、教師の膝にのるということはすごいことである。やっかみ、陰口、攻撃などがあるのが普通だ。そのことの不安が解消されなければ、とても無理である。

④周りの子から何か言われた時に、教師が必ず守ってくれるという安心感

この四つを抜きにして、人に嫌われているような子が、膝の上にのることなどあり得ない。

愛情、信頼、安心を感じると、嫌われている子が教師の膝の上にのってくる。

三　特別支援教育でこそ必要な指標

「教育は手品ではない」

「教育は格闘技である」

これらは、向山氏の言葉である。特別支援教育は、まさにこの二つの言葉と正対している。子どもを変えるのではない。教師が変わるのである。

向山実践を知り、教室で追試すると、子どもたちが激変した。そのことで、自分自身が変わった。しかし、学校で一番大変というような子を担任するようになってから、また全てが変わった。

技術で動かそうとするのではなく、技術の一つ一つの裏側にある意味を考えるようになった。形だけを真似していると、子どもに見破られてしまうのだ。

向山実践には全ての子を包み込むやさしさがある。

先ほどの四つの観点で見ていくと、それがよくわかるだろう。

前掲『発達障害の子どもたち』（講談社現代新書）の中で、杉山登志郎氏は、情緒の大切さを繰り返し語っている。また、虐待児へのケアとして、「他の人への信頼と健康な人への絆を取り戻す」ことの大切さをあげている。まさに、これは、向山氏の示した指標と同じことである。

向山氏があげた指標には、実はもう一つの条件が加わっている。


そのような事実が日常的に生まれているか。

「日常的に」である。そして、「続いている」のではなく「生まれている」のである。

これが何を意味するのかを考え、そのことと自分の実践を照らし合わせてみてもらいたい。

向山氏の示した指標は、特別支援教育でこそ必要な指標である。

四　子どもに媚びてはいけない

若い教師に陥りやすいのが、「子どもに媚びる」ことである。子どもたちから好かれたい。子どもたちから人気を集めたい。

そんなふうに思っていると、そういう雰囲気がどこか態度に出てしまう。

そして、それは子どもたちに伝わってしまう。いくら口では否定しても、隠すことはできない。

言葉も行動も、どこか軽いのである。

そういう教師には、共通点がある。

子どもに遠慮している。

特に、高学年をもつと、そのことが顕著に表れる。

教師も人間である。子どもたちの中に、どうしても厳しいことを言いづらい子がいるものだ。特に、若い時はそうだ。男性の場合、女子に対してそういう態度をとることが多い。おしゃべりな子、ませた子に、主導権をとられるのである。そのような状態では、ほぼ一〇〇パーセントの確率で、いじめは発生する。

五　子どもに媚びていた三年目

新卒三年目、初めて六年生を担任した。同学年を組んだのは、一回り年上の男性教師だった。

法則化ではないが、法則化の追試をたくさんしていた。雑誌もいくつも購読し、家は教育書だらけ。何年も続けて六年生を担任し、子どもたちからの人気も一番だった。

同学年を組んだ私は、負けてなるものかと必要以上に力が入っていた。

子どもと同じ目線で話そう。

こんなことを考えていた私は、必要以上に、ものわかりのいい振りをした。特に、女子に対して。

今考えると、私は「子どもに媚びていた」のだ。子どもたちは、こういうことを見逃さない。崩壊はしない代わりに、だんだんとクラスの空気がよどんでいくのが自分でもわかった。

掃除時間に遅れてくる子が増えたり、忘れ物が増えたり、少しずつほころびが見え始めていた。

それらは本当は、私の態度へのサインだったのである。しかし、その当時の私には、それがわからなかった。

その年の一一月、休み時間の教室で、私は一枚の紙を拾った。その紙には、数人の寄せ書きでびっしりと、悪口が書いてあった。「死ね、消えろ、ムカツク、気持ち悪い」など、あらゆる誹謗中傷が書かれてあった。

その字に見覚えのあったので、一人の女の子を呼んで話を聞いた。その子は、自分が書いたと素直に認めた。さらに、それを書いた他の二人の名前も話した。そこで、全員を呼んで、手紙について聞いてみた。

その子たちは、口を揃えて次のように話した。

アイドルのAに腹が立って、みんなで書いたの。そうだよね？　うん、そうそう。

底抜けに明るく話す女の子たちを前に、私は、「そうだったの。でも、こんなの書いたらダメだよ」とやさしく答えた。おかしいなとは思いつつも、その子たちに遠慮して、それ以上聞こうとはしなかったのである。

本当は、それはクラスのB子に向けて書かれたものだった。B子は、その三人から毎日のように嫌がらせを受けていた。

その事件以降、いじめはだんだんとエスカレートしていった。モノを隠されるのはいい方で、はさみで服を切られたり、つばを服にかけられたり、靴に画鋲を入れられたりしていたのだ。

しかし、私はそのことに気づかなかった。いや、気づかなかったというよりも、子どもたちに遠慮して、正面から子どもたちの姿を見ようとはしていなかったのだ。

結局、男子からの訴えで、いじめが発覚したのは、紙事件から約二週間が過ぎた頃だった。

私が、ちゃんと子どもたちに向き合っていれば、B子が苦しむことはなかった。

「俺は何をしていたんだ？」

悔しさと情けなさと、その子に対する申し訳なさで、涙がとまらなかった。

その子の家に行き、両親とその子の前で私は土下座をして謝った。そして、二度とこのようなことを起こさないことを約束した。

六　教師だけがいじめをなくせる

次の日、全員の前で、いじめをしていた子に謝ってもらった。そして、いじめは絶対に許さないことを、一人一人の目を見ながら訴えた。

私は、真剣だった。私の本気な姿に、子どもたちは圧倒されていた。今までの軽い空気はなくなっていった。

その時から、もう子どもに遠慮するのはやめた。嫌われても構わないと心から思った。ダメなことはダメと、遠慮なく言うようになった。口答えや女子のアドバルーンにも屈しなかった。

そうしていくうちに、だんだんと子どもたちが素直になっていくのがわかった。クラスも落ち着いていった。教師が心構えを変えたことで、いじめはなくなっていった。私は、この子のことを一生忘れないだろう。教師だけがいじめをなくすことができる。私は、教え子からそのことを教わった。

第6章

特別支援の子どもが安定する、規律ある教室を創る環境整備

1 教室環境編（1）派手な前面掲示は害にしかならない

一　前面掲示は害になる

障害のある子にとって、黒板周りの前面掲示は、邪魔でしかない。

なぜなら、障害のある子は、情報の選択ができにくいからである。多くの刺激の中から、必要な情報を取り出すことが苦手なのである。

そのような子にとって、黒板周りに貼ってある派手な掲示物は、学習を邪魔する刺激でしかない。

また、衝動性が強い子にとっては、一度そのことが気になってしまうと、学習内容に集中できなくなる。

それなのに、未だに黒板周りに派手な掲示物をかざってある教室が多い。

私は、教師や保護者対象の講座で次のように話している。

派手な前面掲示は、障害のある子にとって、害でしかありません。それは、教師の見栄の表れです。

このように言うと、反論が出ることがある。しかし、これは私個人の意見ではない。黒板周りの前面掲示はすっきりとさせるというのは、ドクターの間では常識である。

そして、各都道府県の障害理解の文書の中にも、多く書かれていることである。インターネットで検索すれば次々と出てくる。

そのような中で、派手な掲示物をしているのはなぜか？

それは、教師の見栄である。

子どもに聞いてみればいい。参観日や研究授業の前になると、前面の掲示が急に増える。おかしくないだろうか。

これには、評価の問題も大きく関わっている。

ある学校では、管理職に「前面掲示が足りない。増やしなさい」と指導を受けた。しかし、私は、「前面掲示がすっきりとしていてよく学んでいる」と、黒板周りに掲示がないことを評価されたことがある。

同じ公立の学校で、評価がこのように違うのである。

また、「掲示物がたくさんある方が保護者から熱心だと思われる」と話していた教師もいた。これもある意味そうなのだろう。

しかし、現実には、障害のある子にとって、派手な前面掲示は邪魔になることは明らかである。

教室前面の掲示はスッキリと。派手な掲示は障がいのある子には害でしかない。

二　障害のない子も同じ

教師の中には、次のような信じられない発言をする者もいる。

障害のある子に合わせていたら、障害のない子が犠牲になる。

前面掲示で言えば、障害のない子にも黒板周りがすっきりした状態の方が集中しやすい。

学習は、情報を脳の中に入れていく活動であるから、いらない情報や刺激は、省いた方が効率的なのは当たり前だ。

仮に、既習の学習内容が掲示してある方がいいというのなら、関係のない時は、いちいち外すべきである。国語の時に、算数の掲示はいらない。

特別支援教育の研修が進んでも、学校はなかなか変わらない。そのせいで困っているのは子どもたちである。だから、私は、保護者・教師セミナーで間違いを正すために訴え続けている。

三　コーディネーターとして

コーディネーターをしている関係で、三年生の先生から相談をされたことがある。若い先生のクラスで一人の男の子が暴れまくり、大変なのだという。

ケース会をしてほしいという。そこで、五時間目に、少しの間だけプリント自習をさせ、クラスを見に行った。

行ってみてびっくりした。その子の行動は、ＡＤＨＤそのもの。かなり大変な子だ。しかし、それは想定の範囲内。

　想定外は、周りの子だった。連絡帳を書いているだけなのに、私語がなりやまない。言葉と表情が荒々しい。崩壊状態に近いのだ。

前面の掲示
板書の書き方・書かせ方
目線

など、基本的なところが全て間違っている。そんな中でももっともよくないのは、連絡帳を確認し、はんこを押す時に長蛇の列ができているところ。

　しかも、一人一人のはんこに時間をかけるので、その列が動かない。

　途中、一件喧嘩が起きて、女の子が泣いた。ＡＤＨＤだという子は、持ってくる途中で他の子の筆箱が気にかかり、そこでとまって遊びだした。そして、最終的に喧嘩になった。

　放課後、三年団の学年会に出て話をした。学年四人と筆者。担任の先生はこんな中でも笑顔で対応している。近くの子の連絡帳を見ると、連絡帳に何人かが苦情を書いてきている。きっとぎりぎりの心理状態でやっているのだろう。

　まず、先生が本当にがんばっていることを他の先生に伝えた。そして、協力をお願いした。管理職にも筆者から応援の約束をしてもらうことを伝えた。

　そして、障害の意味、特性、基本的な対応を話した。セミナーでお話しするようなエピソードを交えて話す。学年の先生方もみな、ノートに何ページもメモをとっていた。

学年で共通の対応をとることも確認した。

その上で、対応のよくないところとその意味、改善点を伝えた。

システムを変えて全体を動かす具体的な方法、手順、言葉かけをその場でやってみせる。そして、個ではなく全体への対応を優先することと、その具体的なやり方を教えた。

他の先生も「あ、私もやっちゃってる。明日から直そう」などと言っている。いい学年団だ。「いつでも相談にのりますし、サポート体制を創ります」と約束した。約一時間の話。若い先生が少し明るい顔になっていた。

終わった後、他のクラスの五〇代の女性教師が筆者のところにやってきた。

先生にお願いしてよかった。
先生のお話を聞かせたかった。
でも自分が勉強になった。
校内でもこういう勉強会をもっとやってほしい。

ここ数年、いくつものクラスが子どもへの対応で苦しんでいる。特別支援の重要性を現場でひしひしと感じている。理論ではない具体的な方法が求められている。

2 教室環境編（2）
みんなを納得させて気になる子どもの座席を前にする

席替えは、子どもたちの大好きなイベントの一つだ。席替えの方法は、様々なものが考えられる。しかし、子どもたちに全く自由に決めさせると、トラブルの原因になる。

また、特別な支援を必要とする子どもたちは、教師の目の届きやすい位置の席にさせたいものだ。

ここでは、おすすめの席替えの方法をいくつか紹介する。

一　カードを使う

カードを使った席替えは、次のようなやり方だ。

①黒板に座席の配置図を書く。
②黒板に書いた図の座席に番号をつける。
③番号を書いたカードをくって見せる。
④教師がまわって子どもにカードを配っていく。
⑤黒板の図の番号の場所に移動させる。

このやり方で席替えをすると、例えば特別な支援を必要とする子の席を教師が決めることができる。一見、無作為に見えるやり方だ。が、実は、タネがある。

それは、やり方の③と④がポイントとなる。

③でカードの束をくって見せる時に、特定のカードを、束を持った手の小指と薬指の間に挟んで、他のカードと一緒にくらないようにする。

④で子どもたちにカードを配る時に、上にあるカードから渡していくが、特定の子には③で別に挟んでおいたカードを渡す。だから、もたもたやっていては、子どもたちにタネがばれてしまう。ある程度スピーディに、子どもに深く考える時間を与えないようにすませてしまうのがいいのだ。

カードのくり方、子どもへの配り方は、前もって練習が必要だ。

二　教師が席を決める

低学年のクラスなら、教師が席を決めてしまう方法もある。特に低学年の子は、席の位置の違いが学習への集中の違いに影響しやすいものだ。

クラスにはいろいろな子どもがいる。

ここで言うのは、特に特別な支援の必要な子の場合だ。だが、そのような気になる子の席の決め方のポイントは、次の通りだ。

- 気になる子は、教師の目の届きやすい前の方の席にする。
- 気になる子の周りには、しっかりした子を配置するようにする。

学習に集中しにくい子が隣り合って座っていては、一緒に遊んでしまう。また、あまりにやんちゃ同士が隣り合っていると喧嘩になることもある。

気になる子のことは、教師だけでなく隣の席の子も気にしている。学習の苦手な子だと、隣の子のことが気になって集中がとぎれがちになる。気になる子の隣りには、しっかりした子を配置するのだ。

しっかりした子に「できたらでいいから、○○ちゃんのこと時々見てあげてね」と話しておくのも一つの方法だろう。

三　子どもが大喜び「ご対面方式」

他にも、いろいろな席替えの方法が考えられる。

例えば、ご対面方式。

まず、男子を教室の外で待たせる。その間に女子が好きな位置の席を選ぶ。次に、反対に女子が教室の外で待ち、男子が好きな席を選ぶ。そして、一斉に新しく自分が決めた席に移動する。

クラス中が盛り上がる楽しい方法だ。

この方法のポイントは、二つ。

好きな席を二人以上が選んだら、早い者勝ちではなく、じゃんけんをして決めること、今座っている席とは別の席を選ばせることだ。

四　席替えで不満が起こらないようにするポイント

ＡＤＨＤの子の席をどこにするかというのは、きわめて大切な問題である。周りによくしゃべる子がいれば、その子にとっては刺激になる。

また、失敗を受容してくれるような子がいれば、落ち着いて学習に取り組みやすくなる。

本来は、教師が決めるのが一番である。私は、そのことを伝えるために、年度当初に必ず次のように子どもたちに話している。

教室の席というのは、学習を行うために決めます。だから、全体が、一番勉強がしやすい環境になるように考えなくてはなりません。人によっては、前の席の方が学習しやすいという人もいます。視力がよくない人、前の方が集中力が続く人など、いろんな人がいます。
そのようなことを配慮して席を決めることができるのは、先生だけです。そして、学習時間の責任者は、先生です。つまり、学習の席は先生が決めるのが当たり前なのです。その証拠に、休み時間は、席は自由ですよね。

このような話を最初にしておくと、子どもたちから文句が出にくくなる。
こう言って、実際に高学年でも、私が席を決めた時もある。それでも文句は出なかった。
席替えの方法は何だっていい。
要は、次のことができていればいいのである。

子どもたちが納得している。

つまり、先生が決めようが、くじで決めようが、子どもがそれでいいと思っていれば何の問題もないのである。

五　特別支援を要する子も納得し、教師の思い通りの席になる方法

現在、広汎性発達障害の子を担任している。この子を一番前にしないと、授業が進まなくなる。だから、席替えで失敗は許されない。

こういう状況だが、私は全く困っていない。自分の思い通りの席にすることができている。

今、私が行っている席替えの方法を紹介することにする。

①くじを作る

席替えは、くじびきで行っている。

くじといっても、紙に線を引いて番号を書くだけである。くじを作る時には、ポイントがある。

子どもが見ている前で作る。

教師がくじを作っているのを子どもたちにはっきりわからせるためである。これは、後の内容とも関係がある。

②くじに名前を書かせる

この時、視力が低い子は名前に○をつけさせるようにする。これがポイントである。これを次のように説明する。

くじを引くと、視力のよくない人が後ろになったりします。そういう時は、同じ列の男子と先生が席を交代します。

こうやって、教師の判断で席の移動があることを認識させておく。

③席を決める

席を決める時も、子どもたちが見ている前で行う。これが、ポイントである。

子どもたちは、さっき目の前で先生がくじを作り、今、目の前で席を決めているのを見ている。だから、公平に行われていると感じるのである。しかし、現実は違う。

教師がくじの「名前」だけ見て決めている。

つまり、下の番号は見ないで、教師の思った通りに決めているのである。

名前を見ているのは、「漏れがないようにする」ためと、子どもたちに「くじを見て決めていると認識させる」ためである。

このやり方であれば思い通りの席にできるが、人間関係を考えて、書いた後で微修正したい時もある。

その時に役立つのが、先ほどの②の趣意説明である。「視力などを考慮して変えることもある」ことをあらかじめ宣言していいので、修正しても何の問題もない。

席が決まったら、私は全員を後ろに並ばせて、席を発表するようにしている。

自分の名前が呼ばれると、大きな声で返事をして、みな新しい席につく。

そして、どの子も楽しそうである。

3 文房具編（1）忘れ物指導で、叱られる要因を取り除く

発達障害の子は、生活の中でなかなか自分の身の回りのことがコントロールできない。

特に、忘れ物の多さがすぐにあげられるだろう。この忘れ物に、私が普段どのように対応しているかを述べてみたい。

一 忘れ物への対応をどうしているか？

発達障害の子は忘れ物が非常に多い。

これはいくら叱っても効果はない。持ってこられるようになる方法を教えることが重要だ。

まず、連絡帳に書くのは当然だ。ここでも、いくつか工夫をする。

大事なものは赤で書くなどの工夫は、誰でもやっているだろう。ただ、これだけでは、忘れ物が減る可能性は低い。私は、

ポストイット

を活用している。大事なものを用意する時など、連絡帳に書いたページに貼らせるのである。

ただ、貼らせるだけではいけない。

用意したら、ポストイットを外させる。

これがポイントである。

準備するものをかばんの中に入れたり、玄関においたりしたら、連絡帳からポストイットを外させるのである。この行為で、準備を意識させるようにする。また、連絡帳を入れる場所も決めさせる。

お便りなどの連絡物も同じ場所にしまわせる。

パターン化することで、効果があがる。

二　もう一歩の突っ込みで変化する

忘れないようにするための手だては、多くの教師がやっていることだろう。

私は、さらにもう一歩突っ込んで指導する。

うまくいった時の方法を聞く。

忘れ物が続いていたが、やっと持ってきた時、あるいは、忘れずにちゃんと持ってくることができた時。これが指導のチャンスである。

私は、このような時に、なぜ持ってくることができたのかを聞くことがある。

そんな時、例えば次のような答えが返ってくる。

「晩ご飯を食べる前に、用意した」

ここで考えなくてはいけないのは、「準備するのは家庭だ」ということである。

それぞれの家庭で、生活はバラバラなわけだ。

その子が、自分の家庭でどのように準備すれば忘れ物がなくなるのかということを一緒に考えてあげる必要がある。

だから、うまくいった時にその理由を聞いて一緒に考える。そして、今までとは何が違ったのかを気づかせるのである。

忘れ物が多いということは、どうすれば忘れないのかという自分なりの方法をもっていないということだ。

だから、その方法を教え、その方法を実行できたら褒めることを続けていけばいい。

もう一歩の突っ込みがあるから、子どもは変化していく。

三　提出物の出し忘れをどうするか？

大事な保護者からの連絡や、提出物を出し忘れるということもよくある。

この出し忘れをなくすことは、簡単である。


朝の時間に連絡帳を書く。


こうすれば、連絡帳を書く時に、提出物があることに気づく。

なお、お金を集める時には、最新の注意が必要である。例えば、こんなトラブルがあった。

集金のお金が不足していた。

それがわかったのはずいぶん後のことだった。お金は、たった一〇円でもトラブルの元になる。そして、信用問題に発展する。

このようなことが起こるのは、やはり発達障害の子に多い。だから、次のようにする。

集金は、お金を自分の手のひらにのせて、金額を確認してから持ってこさせる。

こうすれば、もし金額があわなかったとしても、こちらに非はない。

集金袋をセロハンテープなどでとめさせる。これも、トラブルを防ぐ方法である。

また、全員が提出する書類なども確認が必要だ。本人が「出した」と思い込んでいることが結構ある。また、保護者が子どもに渡していても、出し忘れてどこかになくなってしまうこともある。

だから、私は、全員提出するものは番号順に持ってこさせるようにしている。その上で、出していない子は、その場で確認をしてメモする。

このように、ちょっとした行為で、発達障害の子の家庭とのトラブルを防ぐことができる。

4 文房具編（2）学習をスムーズに進めるにはNG文具を使わせない

一 文房具で学力に差が出る

子どもが使う文房具は、何でもいいことはない。どんなものを使うかによって、学力の形成に大きな差が出る。

キャラクターがついた文具や、かわいい模様のファンシー文具が子どもたちに大人気である。そして、一〇〇円ショップなどに代表されるような安価な文具がよく見られるようになった。

これらは、どちらも学習に適していない。

まず、キャラクターものや派手な文具は、どうしても気が散ってしまう。

下敷きなど、一度自分でノートの下に敷いてみればよくわかる。ノートからはみ出した派手な下敷きの部分は、すごい刺激である。そこで、キャラクターなどが見えていれば、そこに目がいくのは当然だろう。

匂い付き色付きの消しゴムは、よく消えない。時間がかかってしまい、次の学習に遅れる様子もたびたび見られる。

また、消えにくいので、黒くノートが汚れることもある。そして、強くこすると破れてしまう。これで、もう授業には取り組めなくなる。

キャラクター鉛筆には、濃い鉛筆が少ない。なぜなら、濃くすると値段が高くなるからだ。

また、キャラクターものは、よく折れるものが多い。キャラクター使用料がいる分、安価な材料を使っているのは明らかだ。

筆圧のコントロールが未熟な小学生には最低でも2B以上の鉛筆を使わせたい。できれば4B以上がよい。

キャラクターのついた定規、分度器なども避けたい。

「角度がうまく測れない」と困っていた子がいた。その子の分度器は、測るところがキャラクターで隠れていたのだ。笑い話のような本当の話である。

また、安価な定規は目もりがすぐに消えたり、角がかけたりする。

安価なコンパスも最近、よく見かける。これは、すぐに開くところがグスグスになって、固定できなくなる。

当然、何度も何度も失敗する。そして、やる気がなくなっていく。

二　弁当箱のような大きな筆箱

子どもたちは、なぜか大きな筆箱を好む。

ペンや鉛筆だけでなく、はさみやコンパスなど何でも入るので、一見いいように思えるかもしれない。しかし、実はこれが学習には困りものである。

まず、必要のない文房具が増える。増えるのは、キャラクターものやファンシー文具である。たくさんのモノが入っていると、困ることが出てくる。

例えば、赤鉛筆を出すのに、ガチャガチャと筆箱の中をかき混ぜながら探している。


必要な文具がすぐに取り出せない。

こだわりが強い広汎性発達障害の子は、このために学習についていけなくなっていた。いったん出したものは、その都度しまわないと気が済まない。だから、次に使う時も同じように時間をかけて探すのである。

このことを保護者と相談して、筆箱と中身の量をコントロールしただけで、学習にかなり集中できるようになった。

学習には学習に適した文房具がある。何でもいいわけではない。特に、障害のある子には、こだわって文房具を選びたい。

三　道具の保障を行う

学力保障と文房具の関係は、切っても切り離せない。だから、どんな文房具を持たせるかということが、かなり大事な条件となってくる。

特に、気をつけなくてはならないのは、「分度器・コンパス・三角定規」である。

これを放っておくと、一〇〇円ショップでセットになっているものを買ってくる家庭がかなりの数ある。

文房具なんて、どれも同じだと思っている。

このような考えの保護者は、決してめずらしくない。

大切だからと言って、学習によいものを買ってくださいと言うと、クレームがつくこともある。だから、前もって説明しておくとよい。

まず、分度器は、0度の線の下がないものが望ましい。多くの分度器は、下に透明な部分がある。苦手な子にとっては、これだけで混乱の元になる。

三角定規は、半透明みたいなものがある。教科書の角に重ねて考えさせようと思っても、透けないので学習ができない。

安価なコンパスは、すぐに開き具合が固定できなくなる。

さらに、ＴＯＳＳ教師でも意識していないものに、ミニ定規がある。これは、よくある15～18センチメートルのものではダメだ。ノートの中央のところに引っかかる。子どもと同じようにやってみると、よくわかる。素早く動かそうとすると、引っかかってしまうのだ。

その点、ＴＯＳＳのミニ定規は素晴らしい。まさに、学習のためにちょうど使いやすい大きさとなっている。特別支援学級を担当していると、本当にこのような些細な部分が大きく影響しているのがわかる。

四　保護者に趣意説明を行う

文房具について、学年初めに必ず保護者に趣意説明を行う。

私は、最初の懇談会で、上のような例示を交えながら説明していく。すると、なるほどと頷く保護者がかなりいる。その時、文房具だけでなく、算数ノートの使い方についても説明する。それをしないと、「隙間だらけでもったいない」などとクレームをつける保護者がいるからだ。

実際に子どもが書いたノートなど、実物を提示しながら次のように話す。

> **ノート一冊も、ジュース一本も同じ値段です。お子さんの将来のことを考えると、どちらを重視されますか？**

この言葉は効果てきめん。反対する保護者はいなくなった。

5 学習以前の準備物

一 学習以前の様々な確認

二〇代の頃、授業時間が始まってから忘れ物を借りにくる子どもたちにイライラしていたことを覚えている。「赤鉛筆を忘れました。貸してください」「定規を忘れました。貸してください」などと、次々と言いにくる子がいて、そのたびに授業がストップしていたからである。

そもそも、忘れたら借りにくることを指示していたのは、自分なのだから、今思えば、情けない限りである。

しかし、このような学習以前の確認ができていないために、授業に悪影響が出ている教師が多いのではないだろうか。特別支援学級を担当するようになって、このような確認の重要性を強く感じている。

特別支援学級では、朝来てからのルーティンを一つ一つ確認する。

私は、自分の経験から次のようなシステムを作っている。

①ランドセルを机に置く。
②ランドセルの中身を全部出す。
③帽子とランドセルをロッカーに入れる。
④時間割を確認しながら教科書・ノートを机に入れる。
⑤筆箱の中身、下敷きを確認する。
⑥忘れたものがあれば借りて、連絡帳に書く。
⑦宿題・連絡帳を出す。

最初は一緒にやりながら、だんだんと自力でできるようにしていく。

このようなシステムを作っているから、授業にすっと入っていけるのである。教師も子どももストレスはないから学習内容に集中できる。

これは、通常学級でも同じようにできる。

ポイントは、「⑥忘れたものがあれば借りて連絡帳に書く」である。この時、言ってきた子を褒めることが大切だ。ここで褒めるから、不安の強い支援学級の一年生も自分でできるようになっていく。システムは褒めて作るのである。

二　毎朝の教師の準備

支援学級の担当になって、朝の習慣が変わった。今は、三〇分以上早く学校に行く。教室が一階で、ベランダから子どもが入ってくるため、教室の入り口のカギをあける。そして換気のため、廊下の窓もあける。

これは、自分の学級だけでなく、支援学級五クラス分を全部あけてまわる。他の教室にゴミが落ちていれば拾うし、机が乱れていれば直す。朝の教室の状態が、子どもの状態に影響するからだ。

子どもたちが行くトイレも同じようにやる。水を流して、汚れていれば掃除もする。

このようなちょっとした準備が、学習に大きく影響する。

三　朝の習慣

通常学級の担任だった時も、朝の時間に、できるだけ日常的な業務の処理を行うようにしていた。

学校到着後、まず向かうのは児童用下駄箱である。

私の靴は、児童用の下駄箱に置いている。こうすることで、児童の靴の置き方の様子を無意識に観察することができる。また、誰が来ていて誰が休んでいるのかが一目でわかる。

ちょっとしたことだが、毎日の継続の力は大きい。子どもの見え方が大きく変わってくる。

職員室では、机上の文書処理を行う。その際、三つに文章を分ける。

①その場で処理するもの。
②文書作成やアンケートなど処理が必要なもの。
③ファイルするもの。

まず、②を配付するプリントなどの上にまとめておく。教室に持っていくためである。

次に、ファイルするものを机上の端にまとめておく。これは、会議や終礼などの時に、ファイリングする。

わざわざ、そのためだけの時間を取らない。

そして、出勤印を押しに行くとき①の回覧文書もあわせて持っていく。こうするとロスがない。

さらに、教室に行く時に、アンケートや文書作成の用紙の中身を読みながら歩く。

教室についた時には、ほぼ内容が頭に入っている。それは、教室ですき間の時間に処理することになる。

子どもへの指導も仕事の準備も、それ以前の準備が大切になってくるのである。

あとがき

私は、喧嘩の仲裁が得意である。

それは、おそらく他の多くの先生方より、仲裁の機会が多かったからだと思う。

二〇代の頃から、荒れたクラスや指導困難と言われたクラスを希望して担任してきた。

当然、喧嘩やトラブルが続出する。それをその都度、指導して収めてきた。その経験が生きている。

まえがきでも触れたが、ある年には、特別支援を要する子が一〇名近くいるクラスを担任した。

あまりにも喧嘩が起きるので、喧嘩の数をカウントしてみることにした。すると八回も喧嘩が起こっていた。

ちなみに、これは一日の数ではない。一時間の勉強時間中に起きた喧嘩の数である。

それを喧嘩のたびに、子どもたちを呼んで指導していたのである。さすがに一時間たつと、体はへとへとになっていた。

通常なら、なぜこんなに喧嘩ばかり起こるんだろうと悩むところだろうが、私はそうは思わなかった。

喧嘩の仲裁をしていて、だんだんと短い時間であっさりと解決できるようになっていることに気がついたのである。

回数を重ねることで、コツらしきものがつかめてきたのだ。

また、前回よりも次の時、さらに次の時と、だんだんと指導時間が短くなっていることにも気がついた。

このことを発見した時の喜びは今でも覚えている。

なんだか楽しくてしょうがない気持ちになった。

喧嘩が起こって楽しい気持ちになるとは、以前には想像もできなかった。

このように思えるようになってから、シンプルに喧嘩というものをとらえることができるようになった。

喧嘩というのは、お互いの主張が食い違っていて、それぞれの「しこり」が解消できていない状態である。

つまり、それぞれがこだわっている「しこり」を解消してあげればいいのだ。

そう考えると、今までの指導はその正反対のことをしていることに気がついた。

「あなたが悪い」と教師が決めること、長く話を聞くこと、もうしませんと約束させること、全てがＮＧである。

これらは、指導が上手くいかないどころか、その後の子どもの関係にもマイナスの影響を与える。そのことがはっきりと確信できた。

そこから、この喧嘩両成敗という方法は生まれるようになる。多くの実践を通して生まれた方法であるから、全ての教師の言葉、対応に意味がある。

そして、慣れてくれば、この子どもの「しこり」が薄らいでいく瞬間が見えるようになっていく。

この喧嘩両成敗の方法を使いこなせるようになってから、学級経営も大きく変わった。

特別支援学級を担任した時にも、この方法は抜群の効果を見せた。

自閉症スペクトラムでこだわりが強い子が、素直に反省して謝ることができた。そこからその子は変わっていった。

セミナーや講演で、よく「喧嘩両成敗を実演してほしい」とリクエストされる。本書には、その模様をテープ起こしで収録している。

その方法や手順だけでなく、

その指導の裏に隠された思想は何なのか。

ということを考えていただきたい。

そのことで、この方法が喧嘩以外の指導にも役立つはずだからである。

この喧嘩両成敗の指導の元になったのは、向山洋一氏の喧嘩の指導である。

喧嘩ばかり起こり、どうしようかと悩んでいた私に光明を与えてくれたのは、向山洋一氏の指導であった。

さらに、この方法を発展させたのは同じ岡山県の先輩である小林幸雄氏である。

それぞれに点数をつけさせて、自分で自分を判断させる——。これは目から鱗の指導法だった。

これら先輩方の指導を特別支援の観点で組み替えたものが、私の実践である。この指導が生まれたのは、全てお二人のおかげである。

さらに、師匠の甲本卓司先生には、子どもとの関わり方で多くのヒントをいただいた。

また、出版までの間、常にあたたかい励ましをくださった学芸みらい社の青木誠一郎氏、編集で何度も助けていただいた小島直人氏のおかげで本書を出版することができた。

この場をお借りして皆様に深く感謝申し上げたい。

小野隆行

著者紹介

小野隆行（おの・たかゆき）

1972年9月、兵庫県生まれ。香川大学教育学部卒業後、岡山県蒜山教育事務組合立八束小学校に着任、岡山市立南方小学校等を経て、現在、岡山市立芥子山小学校に勤務。

新卒で、向山洋一氏の実践に出会い、授業を追試することで目の前の子どもたちがみるみる変わることを実感する。その時から、すぐれた実践を追試する日々が続く。

27歳で師匠である甲本卓司氏に出会う。自分との圧倒的な「子どもの事実」の差に衝撃を受け、指導を願い出る。甲本氏を代表とするTOSS岡山サークルMAKの立ち上げに関わり、以来、サークル活動を継続し、現在はTOSS岡山代表も務めている。

20代で発達障害の子と出会い、自分の指導を根本的に見直す必要に迫られ、そこから、多くのドクター・専門家と共同研究を進め、医学的・脳科学的な裏付けをもとにした指導を行うようになる。同時に、毎年、学校で一番指導が困難な児童の指導にあたり、発達障害の子を集団の中でどのように指導していくか、さらに学級全体をどのように組織していくかを研究テーマにした実践を10年以上続けている。

現在は、特別支援学級の担任を務める。また、特別支援教育コーディネーターとして校内の組織作り・研修体制作りなどにもかかわり、毎年20近くの校内研修・公開講座で講演。NPO主催のセミナーでも多数講師を務め、指導的役割を担っている。

著書に『トラブルをドラマに変えてゆく教師の仕事術――発達障がいの子がいるから素晴らしいクラスができる！』（学芸みらい社）がある。

トラブルをドラマに変《か》えてゆく教師《きょうし》の仕事術《しごとじゅつ》

喧嘩《けんか》・荒《あ》れ とっておきの学級《がっきゅう》トラブル対処法《たいしょほう》

2016年11月１日　初版発行
2018年９月10日　第２版発行

著　者　小野隆行
発行者　小島直人
発行所　株式会社 学芸みらい社
〒162-0833 東京都新宿区箪笥町31 箪笥町SKビル3F
電話番号 03-5227-1266
http://www.gakugeimirai.jp/
E-mail : info@gakugeimirai.jp
印刷所・製本所　藤原印刷株式会社
ブックデザイン　荒木香樹
本文イラスト　村松仁美

落丁・乱丁本は弊社宛お送りください。送料弊社負担でお取り替えいたします。

ISBN978-4-908637-27-8 C3037